JN033285

歴史文化ライブラリー
587

弥生人は どこから来たのか

最新科学が解明する先史日本

藤尾慎一郎

吉川弘文館

目　次

最新科学が解き明かす弥生時代史――プロローグ

六〇年ぶりの教科書改訂

令和五年（二〇二三）四月から高校で使われている日本史の教科書は、先史時代を中心に大きく改訂された。縄文時代と弥生時代の開始年代が六〇年ぶりに大きく引き上げられたのである。縄文時代は土器の出現を指標に約一万六〇〇〇年前に、弥生時代は水田稲作のはじまりを指標に約二八〇〇年前にである。昨年までの教科書に書かれていたよりも縄文時代は約三五〇〇年、弥生時代は四〇〇年あまり古く始まったことになる。

また弥生時代は、これまでの前期・中期・後期の三時期区分から、前期の前に早期を加えた四期区分へと変更された。いずれも学界における研究の進展を反映させたものだが、こうした研究の成果がはじめて発表されてからすでに二〇～四〇年の歳月が流れている。

発表から教科書に載るまでに、どうしてこれほど時間がかかるのかと思われる読者もいるだろうが、考古学の世界は自然科学のように新しい説を第三者が実験して検証することができないので、類例の増加を重ねることが新説の正しさを証明するもっとも確実な方法とされている。

縄文時代や弥生時代の開始年代が大幅にさかのぼることになった要因は、AMS—炭素一四年代測定法という自然科学の手法が導入されたからだが、古環境や弥生人のDNAに関しても、酸素同位体比《さんそどういたいひ》年輪年代法《ねんりんねんだいほう》や核ゲノム分析といった自然科学と考古学との学際的研究によって新たな事実が明らかにされたからであることはいうまでもない。

そこで本書では、縄文晩期から弥生前期末にかけての期間を中心に、年代（暦）、古環境、核ゲノム、生業がどのように変わっているのかを解説する。最後にこれらの新たな知見が描く新しい弥生時代のイメージとはどのようなものなのかを提案する。まずは本論に入る前に弥生時代観を見直すきっかけを作った最新科学について簡単に説明しておこう。

炭素一四年代測定法

炭素一四年代測定は炭素一四という、時間の経過とともに規則的に窒素《ちっそ》一四（^{14}N）に変化していく放射性炭素（^{14}C）を使って年代を測定する方法である。炭素一四は約五七〇〇年で濃度が半分になるので、炭化米や土器に着いたススなどの微少炭化物中に残っている炭素一四の濃度を調べることによって、何年前にできた炭化物なのかを知ることができる。

炭化物とは植物や動物が死んだ後に炭化したもので、炭素一四年代を測定すると植物なら枯れた時期や収穫された時期、動物なら死亡もしくは仕留められたのが今から何年前なのかを知ることができる。仮に測定した炭化物の炭素一四濃度が半分になっていたら、約五七〇〇年前に枯れ死したり、収穫されたりしたと判断できるわけである。

筆者の属する国立歴史民俗博物館（以下、歴博）は、二〇〇三年に土器に付着しているススなどの炭化物や水路に打ち込まれた杭の炭素一四年代測定をおこなうことによって、水田稲作が始まったのは紀元前五〜前四世紀ではなく、それより五〇〇年ほど古い紀元前一〇世紀ごろの可能性があると発表した。

発表の当初から、海洋リザーバー効果や古木効果の影響で古く出たにすぎないという批判にさらされたものの、現在では弥生早期の夜臼式《ゆうすしき》土器単純段階が前九〜前八世紀のどこかにくるという点で共通認識を得るまでになった。これに貢献したのが次に述べる酸素同位体比年輪年代法であり、冒頭に述べた教科書に載ることとなった大きな要因である。

酸素同位体比年輪年代法

炭素一四年代測定と同じように同位体を使って古気候や年代を調べる方法である。時間の経過とともに変化することのない、安定同位体である酸素一六と酸素一八の比率の一年ごとの変化をもとに湿潤の変化を調べ、気温の変化を知る方法である。特にその年の梅雨が空梅雨だったか、雨が多い梅雨だったのかを知ることができる。現在、約四〇〇〇年前の縄文後期から現代までの酸素同位体比の標準年輪曲線が整備されている。紀元前一〇〇〇年紀前半のように統計的なデータがまだ不足しているところもあるが、弥生時代に関していえば水田稲作が西日本に広がる前期中ごろ（I期古段階）以降の年代は、歴博が土器付着炭化物を試料に測定した炭素一四年代をもとに構築した較正《こうせい》暦年代と整合的であることが確かめられている（「弥生時代の暦」の章）。

DNA分析

ミトコンドリアと核にあるDNAを使う。骨や歯の中に残っているコラーゲンからDNAを抽出し、ミトコンドリアDNA分析では母系を、核ゲノムでは母系に加えて父系とY遺伝子の関係を知ることができる。

これまでの分析により、縄文人のミトコンドリアDNAには、西日本型、東日本型、北海道型という三つのハプロタイプがあること、渡来系弥生人と同じミトコンドリアDNAをもつ縄文人は一人も見つかっていないことなどが知られている。

また渡来系弥生人の成立にあたって埴原和郎が想定した縄文人の混血相手は、大陸北部の人びとだけではないことが明らかになり、二重構造モデルの見直しにつながった（「弥生時代の人びと」の章）。

レプリカ法

縄文土器や弥生土器の表面に見られる凹みや孔に樹脂《じゅし》を詰めて、樹脂に写し取られた圧着面の模様を電子顕微鏡で観察することによって、土器に着いていたのが何かを推定する方法である。その結果、北海道から沖縄までの先史時代の土器を対象にした悉皆《しっかい》調査が進められている。その結果、コメ・アワ・キビといった穀物は、前一一〜一〇世紀の縄文時代晩期最終末〜弥生早期になって島根や福岡で出現することが明らかになった。その結果、前一一世紀以前の縄文時代に穀物が日本列島に存在していた証拠がなくなったことで、縄文時代に穀物を対象とした農耕が存在したという縄文後・晩期農耕論は否定された。

さらに弥生時代早期に九州北部玄界灘《げんかいなだ》沿岸地域で水田稲作が始まると、併行する西日本や東日本で採集・狩猟・漁撈活動に加えてアワやキビの栽培が始まっていた可能性が高まっている。長いところでは水田稲作が始まるまで七〇〇年あまりもアワ・キビ栽培が継続している。

レプリカ法は縄文時代の穀物の存在を否定した一方で、縄文人が一万年ほど前からダイズやアズキなどのご先祖にあたる野生のマメを利用し始めて実の大型化を達成したことが、一種のドメスティケーション（栽培化）にあたることを明らかにした。こうしたマメの利用は、堅果類《けんかるい》や根茎類といった縄文時代の定番ともいえるメジャーフードに対して、どのような位置を占めていたのであろうか（「水田稲作のはじまり」の章）。

これらの最先端科学は、弥生人の祖先が、どんなDNAをもち、いつごろ、どのような気候のもとで日本列島に到達し、もともと暮らしていた縄文人の子孫たちとどのような関係を結んで、どんな生活をしていたのかを明らかにしつつある。本書の内容を簡単に説明しておこう。

最先端科学と弥生時代研究

〔弥生時代の暦（年代）〕

二〇一一年に前書（『〈新〉弥生時代』）を刊行後、二〇一四年には九州北部から東北北部にかけての地域で、炭素一四年代をもとに水田稲作が始まった年代を確定した。しかし依然として土器付着炭化物を試料にした炭素一四年代に疑問をいだく研究者はあとを絶たず、なによりも筆者より若い研究者にもみられることは驚きであった。

やがて前五～前四世紀に水田稲作が始まったと考える研究者は次第に少なくなり、前一〇世紀後半か、前八〇〇年ごろか、という二つの説に絞られることになる。二つの説は、炭素一四年代に基づく説と、考古学的な手法に基づく説で、手法がまったく異なるため、長い間、折り合うことはなかった。

二〇一八年になると前八〇〇年説だった九州大学の宮本一夫が、突帯文《とったいもん》土器単純段階に伴う炭化米の炭素一四年代測定をおこない、水田稲作の開始年代を前九～前八世紀とする説を発表した。ここで両者ははじめて方法的に同じ土俵の上に立ったのである。歴博も炭化米が含まれていた包含層自体の較正年代を、土器付着炭化物を対象とした炭素一四年代測定によって求めていたが、その年代は炭化米と同じ前九〜前八世紀だったのである。

つまり水田稲作の開始年代が前九世紀まではさかのぼるという点で一致しただけでなく、土器付着炭化物は古く出る可能性があるから一切使えないとするこれまでの批判が妥当ではなかったことも意味している。

では二つの説はどこが違うのかというと、炭化米が見つかった時期を弥生時代でもっとも古いとみるか、二番目に古いとみるかであった。最古の水田がどちらに伴うのかがわかれば、決着がつく。

そこで、先ほど説明した木材の伐採年代を一年単位で特定できる酸素同位体比年輪年代法の登場である。この方法を使って歴博の較正暦年代を検証したところ、現在では、弥生前期中ごろ（板付《いたづけ》Ⅱa式、Ⅰ期古段階）より新しい年代は矛盾しないことがわかっている。現在は板付Ⅰ式以前を対象に、酸素同位体比年輪年代による検証作業を継続中である。

〔弥生時代開始期の古気候（降水量と気温）〕

古気候学者は一九六〇年代から九州北部で水田稲作が始まった頃の気候に関する研究を始めていて、「弥生の小海退」という用語が知られているように寒かったと考えてきた。

証拠は、海水面が下がることによって海が沖に退く海退現象（海水準変動）、花粉分析の解析結果（寒冷な気候を好むハイマツ花粉の増加）、二一世紀になると較正曲線を利用した太陽活動の衰退（放射性炭素濃度）など、複数ある。

このうち二〇世紀の自然科学的な方法に共通していたのは、いずれも水田稲作が始まった時期を前三〇〇年頃としていた点である。もちろん当時の考古学の世界の常識に準じていたからであって、自然科学者の責任ではない。

現在は、水田稲作の開始年代が前一〇世紀までさかのぼっているので、前一〇世紀ごろの古気候を知る必要がある。まず一年単位という高精度で湿潤や気温の変化を推定できる酸素同位体比を用いて当時の気候を復元した。また西日本の酸素同位体比の標準データは前一〇世紀ごろが不足しているため、アルケノン分子組成にもとづく夏の海水温などを利用して補った。その結果、前一〇世紀ごろは過去三〇〇〇年間でもっとも寒かったこと、前三世紀は逆に温暖だったことが明らかになっている。

〔弥生時代人のＤＮＡ〕

九州の弥生時代人の人骨研究は、骨の形態や計測値を用いた形質学的な方法による研究の歴史が長く、一九八〇年代には渡来系弥生人、西北九州弥生人、南九州弥生人の三つにわけられた。

二一世紀になるとミトコンドリアDNA分析や核ゲノム分析が導入され、東日本の縄文人や九州北部の弥生人を中心に解析が始まる。

なかでも二〇一八年から始まった、通称「ヤポネシアゲノム」プロジェクトは、五年間で埴原和郎の二重構造モデルの見直しをおこなうほどの成果を出している。

この章では、渡来系弥生人の成立過程を明らかにすることを軸に、もともと九州にいた在来（縄文）系弥生人の遺伝的な変化や、核ゲノムを異にする人びとを考古学的に認識できるのかどうかを考える。核ゲノムが異なると文化も異なるのであろうか。

〔レプリカ法から推定する水田稲作のはじまり〕

縄文土器を対象としたレプリカ法による悉皆調査によって、縄文時代には最終末を除いて穀物が存在していなかったことが明らかになり、今や縄文後・晩期農耕論は消滅状態にある。そのため後・晩期農耕によって経験を積んだ九州北部の縄文人は経験知をもとに水田稲作を容易に受け入れ、それが西日本全体へと急速に広がることになったという考えはもはや過去のものとなった。

一方でレプリカ法は、弥生早・前期に併行する西日本や東日本において、縄文人の直系の子孫にあたる在来（縄文）系弥生人が網羅的生業構造のもとでアワやキビを栽培し、同位体比分析によって食していたことを明らかにしてきた。

九州北部玄界灘沿岸地域において突然始まった水田稲作は、穀物栽培の経験がない在来（縄文）系弥生人が担う一方で、東日本の水田稲作はアワ・キビ栽培の経験を何百年も積んだ人びとが始めたことになるが、どちらも韓半島の青銅器《せいどうき》時代人（渡来人）や西日本の青銅器文化を有す水田稲作民の関与を想定した方が理解しやすい。

この章では穀物を対象とした後・晩期農耕を前提とはしない弥生時代の灌漑式水田稲作を、誰が、どのようにして始めたのか、地域ごとに考える。

〔弥生時代の前半期とはどんな時代だったのか〕

前一〇世紀に水田稲作が始まってから前四世紀までの約六〇〇年は、弥生時代全期間のほぼ半分に相当する。この間、わずかな青銅器の破片を除き金属器はほぼ存在せず、基本的に石器だけが利器とされた石器時代だったので、森岡秀人はこの六〇〇年間を「新石器弥生時代」と称した。

森岡が指摘するとおり弥生時代前半期の利器は石器だけなので、縄文晩期との違いは水田稲作の有無ということになり、それが時代を画する指標となることはいうまでもない。しかし弥生時代の前半期は本当に新石器時代だったといえるのであろうか。

九州北部に水田稲作を伝えた韓半島南部社会はすでに青銅器時代であり、水田稲作は遼寧式《りょうねいしき》青銅器文化の生業基盤と位置づけられていた。青銅器文化の渡来人が青銅器社会の生産基盤として水田稲作をもたらしたのである。したがって、弥生前半期の利器の材質が縄文晩期と同じ石器だからといって、「新石器弥生時代」と称してしまっては、九州北部玄界灘沿岸地域の弥生前半期の本質を見誤ってしまう可能性がある。

利器としての金属器を持っていない九州北部の弥生早・前期社会は、すでに初期青銅器段階にはいっていたという前提で、弥生前半期社会を描写したい。

では、本論に入っていくことにしよう。

弥生時代の暦

ＡＭＳ――炭素一四年代と酸素同位体比年輪年代

前一〇世紀説の登場——弥生長期編年の登場

前一〇世紀説発表の衝撃

二〇〇三年五月一九日に日本大学文理学部四号館四一二教室でおこなわれた日本考古学協会第八三回総会研究発表会において、弥生時代の指標である水田稲作が前一〇世紀に始まっていた可能性があると発表してから二〇二三年で二〇年を迎えた。それまで日本における水田稲作は前五～前四世紀ごろに始まると考えられていたので、一気に五〇〇年も古い年代である。

発表会場が異様な雰囲気に包まれ、しかも発表時間の二五分をはるかに超えて一時間以上も質疑が続いたのは、発表の中身もさることながら他にも理由があった。実は私たち国立歴史民俗博物館（以下、歴博）は、学会の二週間ほど前に文部科学省において記者会見をおこなっていたのである。その模様はＮＨＫの夜七時の全国ニュースで報じられるとともに、翌日の全国紙七誌の朝刊の第一面を飾っていたのである。そのことが研究者コミュニティの高い関心をよび、異様な雰囲気を醸し出していた。

発表当時の年代測定試料

前一〇世紀に水田稲作が始まっていた可能性を導きだした試料は、佐賀県唐津市梅白《うめしろ》遺跡、福岡市橋本一丁田《はしもといっちょうだ》遺跡、同雀居《ささい》遺跡などで出土した弥生早・前期の土器に付着したススやコゲなどの炭化物、そして早期の水田に伴う水路に打ち込まれていた杭を含む一〇数点である。歴博は二年前からこれらの試料のAMS—炭素年代一四年代測定を進めていたのである。

これらの測定結果は、二〇〇三年三月末の段階で試料提供者であるそれぞれの教育委員会に提出ずみだったが、五月の学会発表の時点ではまだ公開されてはいなかった。

たとえば橋本一丁田遺跡の報告書は数年前に刊行されていたので、私たちの測定結果を記したレポートを載せることはできない。また二〇〇三年三月末に刊行された梅白遺跡や雀居遺跡の報告書に私たちのレポートは収録されていたが、五月の段階ではまだ研究者の手元に届けられてはいなかったからだ。

こうした状況のなかでNHKの全国ニュースや新聞報道で突然、調査結果を知らされた研究者が強い衝撃を受けたことは想像に難くない。ちなみに知り合いの記者さんによれば、ここ二〇年、全国紙一面を飾った考古学関係の記事は一件もなかったというので、その衝撃のすさまじさをうかがい知ることができる。

前一〇世紀説を直接導き出す

五月の発表では試料の測定結果をもとに前九世紀までさかのぼることを指摘し、間接的に前一〇世紀まで上がる可能性を指摘するにとどまっていたので、私たちは測定結果から前一〇世紀説を直接証明するために、梅白遺跡よりもう一段階古い唐津市菜畑《なばたけ》遺跡九〜一二層などから出土した土器付着炭化物のAMS―炭素一四年代を測定した。その結果、前一〇世紀後半に水田稲作が始まっていたことをつきとめて一二月に記者発表した。

遅れていた学術雑誌への掲載は二〇〇五年に実現する。歴博の今村峯雄、西本豊弘と連名で、総合研究大学院大学文化科学研究科の機関誌『文化科学研究』創刊号に投稿し、炭素一四年代から土器型式ごとの較正暦年代を求める方法を報告した（藤尾・今村・西本「弥生時代の開始年代―AMS炭素一四年代測定による高精度年代体系の構築―」）。土器型式ごとに複数存在する炭素一四年代を統計処理することによって、連続する土器型式の境界が何年頃に来るのかを計算して求める方法で、境界から境界までを土器型式の存続幅（土器の使用期間）として算出できる。この結果、これまで土器型式を使った相対年代で考えていた弥生時代の集落や墓地の存続期間などを、何年から何年までという数値年代で考える道を切り拓いたのである。

たとえば相対年代では、弥生土器すべての型式を同じ存続幅（三〇〜五〇）年と仮定したうえで集落や墓地の継続期間を考えてきた。しかし土器型式ごとに存続幅を求めたことで、土器型式ごとに存続幅が異なっていたことが明らかになった。三〇年つづく型式もあれば一七〇年つづく型式もあることがわかったため、この前提で集落や墓地の研究をおこなうことになった。とくに気をつけなければならないのは、存続幅が一七〇年の土器型式の場合で、同じ型式の土器が出土する住居や墓だからといって、同時に存在したとはいえないからである。

第三者による検証

二〇〇九年には雄山閣のシリーズ本である『新弥生時代のはじまり』に「弥生時代の実年代」を、二〇一一年には前著『〈新〉弥生時代』で途中経過を報告し、二〇一四年には『国立歴史民俗博物館研究報告』に「西日本における水田稲作の開始年代」という論文を発表し、西日本における弥生早・前期、中期前半まですべての較正暦年代を公開した。表1に、九州と中・四国を中心とした縄文時代晩期末から弥生前期末までの土器付着炭化物を中心とする炭素一四年代の結果を示している。

歴博の新年代に対しては、発表後すぐに土器付着炭化物を試料とするAMS―炭素一四年代測定は古く出る可能性があるので、歴博年代は間違いであるという批判が出された。

較正暦年代	酸素同位体比年輪年代	備　考
前11世紀～前10世紀前半	—	福岡・江辻 SX01, 島根・板屋Ⅲ
前10世紀後半～前940年	—	九州北部で水田稲作開始
前940～前780	—	九州南部で水田稲作開始
前780～前700	前790～前745年	
前700～前550	前649年(島根・西川津鶴場地区)	西日本で水田稲作開始
前550～前380	前540年(岡大23次)	伊勢湾沿岸で水田稲作開始
前380～前350	前379年(奈良・中西)	東北北部で水田稲作開始

表1　土器型式ごとの炭素14年代測定数ほか

時期	土器型式	炭素14年代測定数	遺跡名
縄文晩期終末	黒川新(8)，前池(1)，倉岡(1)	10	福岡・石田，佐賀・東畑瀬，石木中高，菜畑，長崎・権現脇，高知・居徳
弥生早期前半	山ノ寺(8)・夜臼Ⅰ(2)，上菅生B新(2)	12	福岡・橋本一丁田，菜畑
早期後半	夜臼Ⅱa(14)，五貫森(2)	16	佐賀・梅白，菜畑，雀居，権現脇
前期初頭	夜臼Ⅱb(20)・板付Ⅰ式(8)，岡大新(15)，沢田(13)，原山(6)	62	雀居，権現脇，菜畑，佐賀・大江前，岡大，香川・林・坊城，愛知・牛牧
前期中ごろ（Ⅰ期古段階）	板付Ⅱa(7)，Ⅰ期古(5)，古海(10)，沢田新(6)，馬見塚新(5)，擬孔列文(7)，亀ノ甲Ⅰ(2)	42	福岡・大保横枕，大分・玉沢条里，鹿児島・上中段，鳥取・本高弓の木，居徳，愛媛・阿方
前期後半（Ⅰ期中段階）	板付Ⅱb(7)，Ⅰ期中(8)，中山Ⅱ(3)，Ⅰ－2(1)，亀ノ甲Ⅱ(2)，高橋Ⅱ(1)，突帯文系(4)	26	雀居，大保横枕，広島・黄幡，岡山・岡大構内23次，徳島・庄・蔵本
前期末（Ⅰ期新段階）	板付Ⅱc・Ⅰ期新(2)	2	岡山・上伊福
		計171	

しかし、それらの批判は、何％の確率で古く出る可能性があるからダメだというものではなく、土器付着炭化物の炭素一四年代はすべて古く出るからダメだ、という内容であったため、誤った印象を研究者コミュニティや社会に与えることになった。

その後は新しい測定試料も増加せず炭素一四年代測定の機会は減ったが、二〇一〇年代の後半になって事態を大きく変える二つのできごとが起きた。次の「水田稲作開始期の気候」の章で述べる酸素同位体比年輪年代法の登場と、宮本一夫による弥生早期の炭化米を試料とした炭素一四年代の測定である。表1の右から二列目には酸素同位体比年輪年代測定による検証状況を示したように、歴博が土器付着炭化物の炭素一四年代測定をふまえて構築している弥生前期中ごろ、後葉、末の較正暦年代と整合的であることがわかる。表には載せていないが、後述するように弥生中期初頭から前葉、中ごろ、後半までの較正暦年代も、酸素同位体比年輪年代法によって検証ずみである。

二つめは二〇〇三年以降、考古学的に弥生開始年代を研究していた宮本が、炭素一四年代測定をおこなうことにより、歴博と同じ土俵で議論ができるようになったことである。

以上の二点によって前五〜前四世紀を弥生開始年代とする、いわゆる弥生短期編年は事実上、姿を消し、前一〇〜前九世紀を弥生開始年代とする、いわゆる弥生長期編年の時代になったといえよう。

次節で、弥生長期編年の二大説である歴博の前一〇世紀後半説と、宮本の前九〜前八世紀説との違いをみてみよう。

前一〇世紀説と前九〜前八世紀説の違い

弥生長期編年の二説

水田稲作の開始年代には、従来の前五〜前四世紀説と、歴博などが発表した前一〇〜前九世紀説がある。前者は弥生時代が七〇〇年ぐらい続き、後者は一〇〇〇年以上続くところから、それぞれ弥生短期編年、弥生長期編年とよんでいる。

弥生長期編年はさらに二つにわかれる。開始年代を前九〜前八世紀とする甲元眞之や宮本一夫と、前一〇世紀までさかのぼる可能性があると考える歴博である。当初、前者は純粋に考古学的な方法で年代を求めていて、その最大の根拠は中国東北部の遼寧地域を中心に成立・発達する遼寧式銅剣の年代であった。かたや前一〇世紀説の根拠は炭素一四年代測定結果をもとに構築した較正暦年代である。

この二説は考古学的な手法と自然科学的な手法で求められていたものなので二〇年近く議論がかみあわなかったが、二〇一九年になって宮本が炭化米の炭素一四年代を測定したことで前一〇世紀説との違いが明確になった。その違いとは何なのであろうか。

炭化米の較正暦年代

宮本が測定したのは佐賀県唐津市宇木汲田《うきくんでん》貝塚第Ⅺ層から出土した炭化米である。一九八四年一一月一日から始まった宇木汲田貝塚の発掘調査は、当時、九州大学文学部九州文化史研究施設比較考古学部門の教授であった横山浩一先生を代表とする文部省科学研究費補助金総合研究A「北部九州における弥生文化の成立」の一環として四五日間にわたっておこなわれた。調査主任は九州大学文学部考古学研究室の助手だった田﨑博之（現愛媛大学名誉教授）、筆者も博士課程二年の大学院生として発掘調査に参加した。

第Ⅺ層は発掘中から「整地層」とよんでいた貝をほとんど含まない土層で、夜臼式しか出土しない弥生早期の層である。発掘中に数点の炭化米を確認したことは覚えているが、発掘終了後に大学へ持ち帰っていた大量の土を約三〇年後に宮本らが水洗し、見つかった炭化米や炭化アワの炭素一四年代測定をおこなった。

測定の結果、二七〇〇〜二六〇〇台の炭素一四年代が得られ二六〇〇台がもっとも多く、較正暦年代は前九〜前八世紀であった。宮本は第Ⅺ層から出土した土器をもっとも古い弥生土器に位置づけ、日本の水田稲作は前九～前八世紀に始まったと発表した（宮本「弥生時代開始期の実年代再論」『考古学雑誌』一〇〇―二、日本考古学会、二〇一九）。

発掘調査をおこなった私たち調査団は第Ⅺ層の土器群を二番目に古い弥生土器として報告しているので（横山浩一・藤尾「宇木汲田遺跡一九八四年度調査出土の土器について―刻目突帯文土器を中心に―」『九州文化史研究所紀要』第三一集、一九八六）、宮本よりも一段階、新しく位置づけているようにみえるが、実はそうではない。

同じ較正暦年代―炭化米と土器付着炭化物―

Ⅺ層から出土した同じ土器群を、歴博では二番目に古い弥生土器と考え、宮本はもっとも古い弥生土器と考えたのである。しかもどちらも炭素一四年代を二六〇〇台、較正暦年代を前九～前八世紀としているのである。

第Ⅺ層の年代が、炭化米でも土器付着炭化物でも同じだったということは、土器付着炭化物の炭素一四年代が海洋リザーバー効果の影響や古木効果の影響を受けて古く出るという理論的可能性はあるものの、すべて使えないというわけではないことを示している。先に述べた酸素同位体比年輪年代法による検証とならんで土器付着炭化物を試料とする炭素一四年代測定法の正当性を証明するものといえるだろう。

宇木汲田貝塚第Ⅺ層の年代が、土器付着炭化物でも炭化米でも同じ炭素一四年代、前九

〜前八世紀という較正暦年代だったことをふまえた上で、次の問題は水田稲作が始まったのが、第Ⅺ層の段階なのか、それとも一つ前の段階なのかどうかである。

水田稲作の開始年代

宮本は、山崎純男の指摘（「北部九州における初期水田―開田地の選択と水田構造の検討―」『日本における初期弥生文化の成立』文献出版、一九九一）にしたがって、菜畑九〜一二層段階に水田稲作がおこなわれていた証拠はないという立場なので、宇木汲田貝塚第Ⅺ層段階の前九〜前八世紀を弥生時代の開始年代と理解している。

それに対して歴博は、山崎が菜畑九〜一二層の位置する地点の周辺においては山ノ寺式段階に水田稲作がおこなわれていた可能性を否定できないとしている点、九〜一二層から出土した土器にイネとアワの圧痕が着いていた点、韓半島における遼寧式銅剣の年代が前一二世紀までさかのぼることを示す調査事例が三例（比來洞、白平洞）など複数に及んでいる点などから、九〜一二層に伴う木材などの炭素一四年代測定なり、酸素同位体比年輪年代法による検証をおこなうまでは、九〜一二層で水田稲作がおこなわれていた可能性を残しておくという立場である。

また水田稲作が前一〇世紀に始まったことを示すもう一つの可能性は、Ⅺ層から出土した炭化米のなかに、炭素一四年代が二七〇〇台を示すものが一点あったことである。どう

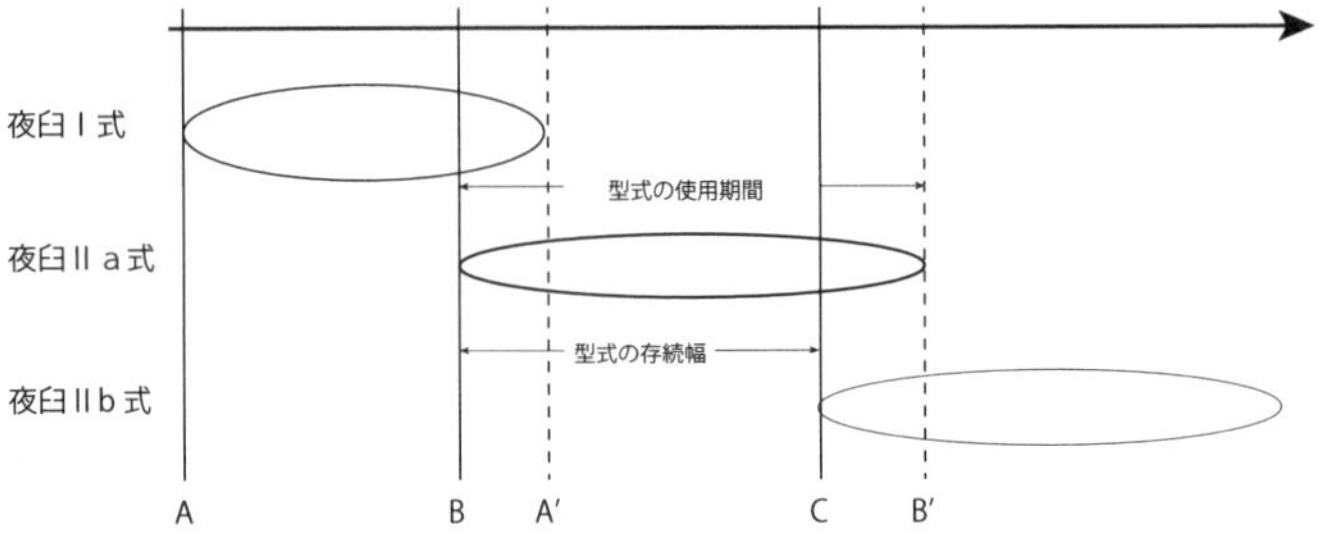

図1　土器型式の存続幅と使用期間

いうことなのか説明しよう。

炭素一四年代と較正年代との関係

酸素同位体比年輪年代が一年単位で暦年代を特定できるのに対し、炭素一四年代は2σの確率（二〇点測定して一九点がその範囲におさまる確率）で較正暦年代を示しているから、数十年から数百年単位でしか暦年代を特定することができない。実際、歴博が最古の弥生土器とする山ノ寺・夜臼Ⅰ式の較正暦年代は前一〇世紀後半から前九世紀中ごろ（〜前八四〇年）で、一〇〇年あまりの間のどこに真の値がくるのかはわからない。図1を使って説明しよう。

歴博のいう土器型式ごとの存続幅と使用期間を模式化したものである。土器型式の存続幅（夜臼Ⅰ式：A→B、夜臼Ⅱa式：B→C）と使用期間（夜臼Ⅰ式：A→A′、夜臼Ⅱa式：B→B′）は異なる。夜臼Ⅰ式の存続期間は夜臼Ⅱa式が出現した時点（B）で終わるが、土器自体は使われ続けることがあるのでA'が使用期間の終わりとなる。そして歴博のいう夜臼Ⅰ式とⅡa式との型式間境界とはB〜A'のことを指しているので、夜臼Ⅱa式は前八四〇年から、ということになる。

宇木汲田貝塚第Ⅺ層を例にすると、炭素一四年代が二六〇〇台の炭化米はB〜C間に収まると考えられるが、炭素一四年代が二七〇〇台を示した炭化米はA〜A'間のどこかに真の値をもつことになる。今のところ、夜臼Ⅰ式の存続幅であるA〜BにはいるのかB〜A'間の使用期間に入るのかは不明だが、前者であれば山ノ寺・夜臼Ⅰ式段階の炭化米であり、後者であれば夜臼Ⅱa式段階の炭化米ということになる。炭化米からはどの土器型式に伴うものなのかを決めることができないからである。

したがって歴博が最古の弥生土器とする山ノ寺・夜臼Ⅰ式段階の水田に伴う木材の酸素同位体比年輪年代の結果次第では、水田稲作が始まったのは山ノ寺・夜臼Ⅰ式の存続期間である前一〇世紀後半から前九世紀中ごろのどこかに真の値がくるということになる。

前一〇世紀開始説と前九世紀開始説の違い

弥生長期編年のなかでも前一〇世紀説と前九世紀説の違いは、ただ単に水田稲作の開始年代が一〇〇年ずれることにとどまらない。農耕社会成立へのプロセスまで異なることを意味している。

水田稲作の開始年代が前一〇世紀の場合、農耕社会の成立へと至るプロセスは水田稲作が始まってからほぼ一〇〇年後の夜臼Ⅱa式段階に環壕集落や戦いなど、農耕社会成立を示す指標が出現するので、水田稲作が始まってから農耕社会が成立するまでには三世代ほどの時間がかかることになる。水田稲作の開始と農耕社会成立とのあいだに一定の時間差がともなうのは、玄界灘沿岸地域だけではなく西日本全体にいえることである。水田稲作を始めて農耕社会が成立するまでには一定の時間が必要なのである。

一方、水田稲作の開始年代が前九世紀の場合は、水田稲作の開始と農耕社会の成立は同時になる。このように水田稲作の開始年代が異なれば農耕社会成立のプロセスも異なることになるのである。水田稲作の開始などの経済的な変化と農耕社会の成立という社会的な変化が同時にみられるのは今のところ中部高地と関東南部だけで、近畿や東海から渡来系弥生人が移住した可能性のあるケースに限定されている。

以上、弥生長期編年の二つの説とその意味についてみてきたが、次節では酸素同位比体比年輪年代による検証がおこなわれた弥生前期の年代をみていくことにしよう。

弥生前期の較正暦年代——酸素同位体比年輪年代法による検証

確率年代からピンポイント年代へ

水田稲作の開始年代は、炭素一四年代によるかぎり前一〇世紀後半から前九世紀前半のどこかにくる可能性があるとまでしかいえない。ましてや炭素一四年代の二四〇〇年問題にあたる弥生前期は、水田稲作が九州北部から東北北部まで伝わる時期であるにもかかわらず、三〇〇年ぐらいの精度でしか較正暦年代をしぼることはできないので、中・四国、近畿、東海、東北北部の各地でいつごろ水田稲作が始まっていたのか、精確な年代を示すことは容易ではない。そんななか、一年単位で年代を測ることができる方法が登場した。先程来、話が出ている酸素同位体比年輪年代法である。

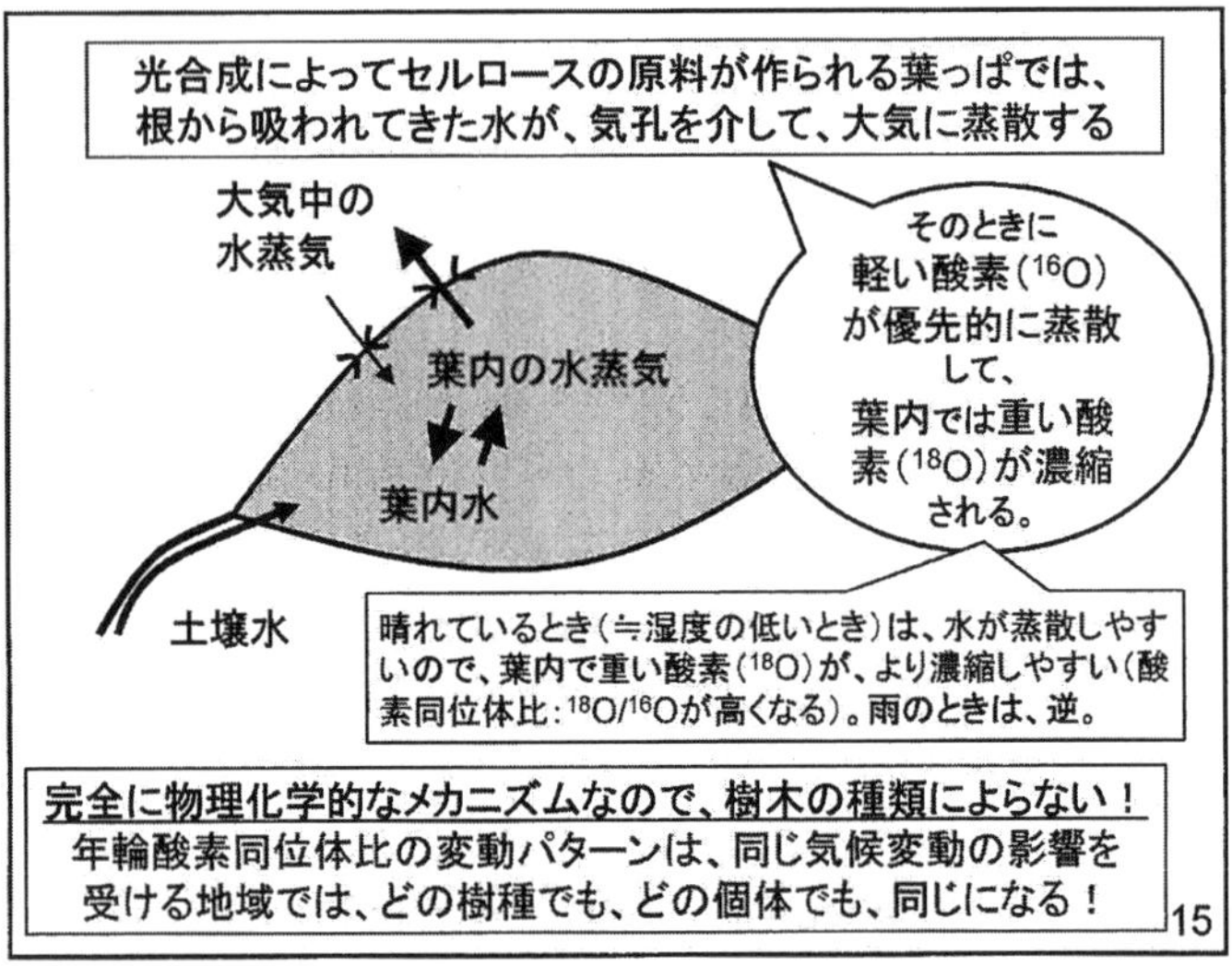

図2　酸素同位体比の原理（中塚武氏提供）

酸素同位体比年輪年代法とは

炭素一四年代測定とおなじく同位体を使って年代を知る方法で、酸素の同位体を用いる。

酸素には一六と一八という二つの同位体があって一八が一六より中性子二個分重いが、化学的性質は同じである。樹木年輪のセルロース中には、酸素一六と一八が、生成された当時の降水量や湿度を反映した比率で固定されている（図2）。この比率は樹種の違いを問わずに樹木の個体間で高い相関性を示すことがわかっているという。年輪年代が針葉樹でしか測ることができず西日本の平地に多い広葉樹には適用できなかったことに比べると、樹種を問わないこの方法は古い時期の水田が多い西日本には特に有利である。現在、名古屋大学の中塚武らの研究グループが年輪年代がわかっている木材を使って復元した、四〇〇〇年ほど前から現在に至る酸素同位体比の経年変動パターンを作成している。

遺跡から見つかる木材の年輪が五〇年輪ほど残っていれば、酸素同位体比を求めて標準パターンと照合することにより年代を求めることができる。もし木材に辺材が残っていれば伐採された年代も知ることができる。それでは、歴博が構築した前漢鏡副葬以前の較正年代を、中期中ごろから古い方へむかって検証してみよう。

弥生時代中期年代の検証

歴博は長崎県壱岐《いき》市原《はる》の辻《つじ》遺跡から出土した土器に付着した炭化物を試料に、九州北部における弥生中期の較正暦年代を発表している（藤尾・今村峯雄「弥生中期の実年代」『国立歴史民俗博物館研究報告』第一三三集、二〇〇六）。較正暦年代は、中期初頭が前三五〇年、中期前半が前三〇〇年、中期後半が前二二〇年頃に始まるというものである。

中期の較正暦年代は、石川県小松市の八日市地方《ぢかた》遺跡の調査で出土した木材を試料に測定された炭素一四年代と酸素同位体比年輪年代によって検証され、弥生Ⅲ期やⅣ期と、歴博のいう中期前半～中ごろ、後半～末の較正暦年代が整合性をもつことが明らかになっている（若林邦彦「近畿地方弥生時代諸土器様式の暦年代―石川県八日市地方遺跡の研究成果との対比―」『実証の考古学』同志社大学考古学シリーズⅦ、二〇一八）。ポイントは第Ⅲ期（中期前半）と第Ⅳ期（中期後半）の較正暦年代である。

近畿地方の弥生中期前半のおわり、すなわち中期中葉（第Ⅲ期）の開始年代は、前三世紀を中心に前四世紀までさかのぼることが明らかにされた。これは後に述べる弥生前期後葉～末の酸素同位体比年輪年代をふまえたものである。

つぎに中期後半（第Ⅳ期）の開始年代は、様相一が前二世紀後半、様相二が前一世紀代で、八日市地方遺跡の調査結果と近畿の土器付着炭化物を試料に測定された炭素一四年代をもとに計算された較正暦年代と一致している。

このように歴博が構築した弥生中期の年代は、その精確さが確認されている。では前期はどうであろうか。前期末からさかのぼりながらみていくことにしよう。

弥生前期末（Ⅰ期新）の年代

歴博が示した較正暦年代のなかで、もっとも多くの考古学研究者の批判を浴びたのが弥生前期末の年代である。弥生開始期の年代を検証できるのが基本的に中国考古学を専門とする研究者に限られていたのに対して、前期末は朝鮮考古学や日本考古学の研究者も論争に参入できたからである。

歴博は前期末の較正暦年代を前三八〇年としているが、前期末の年代が前三〇〇年より古くなることは絶対にないという批判がほとんどであった。この論争に決着をつけたのは奈良県御所《ごせ》市にある中西遺跡で出土した木材の酸素同位体比年輪年代である（中塚武・木村勝彦・尾本雄道・法井光輝「中西遺跡第一五次調査区埋没林の年輪年代学的分析」『中西遺跡Ⅰ』奈良県立橿原考古学研究所、二〇一七）。

中西遺跡ではⅠ期中段階（前期後半）ごろから水田稲作が始まるが、Ⅰ期新段階（前期末）に起こった洪水で水田は埋没し、水田に隣接する森林も被害を受けて樹木が立ち枯れしたことが考古学的に確認されている。そこで立ち枯れした年代を調べるために酸素同位体比年輪年代測定がおこなわれた結果、立ち枯れしたのは前三七九年だったことが明らかになったのである。

前三七九年は、歴博がⅠ期新段階の開始年代とする前三八〇年の一年後であることから、前三八〇年というⅠ期新段階の開始年代の精確さが確認されたのである。しかも前三七九年の二〜三年前から年輪幅に変調が認められたことから、洪水で立ち枯れする数年前から異常気象が起きていたこともあわせて明らかにされたのである。

弥生前期後半（Ⅰ期中段階）の年代

岡山大学構内遺跡は、縄文後期後半ごろから人びとの暮らしが始まったことが知られているが、第二三次調査の際、弥生前期の堰が見つかった。堰は、河川の流れを木材で組んだ構造物でせき止めることによって水田に出入りする水の量を調節する施設である。

堰にはI期中段階の遠賀川系土器が伴っていたので、堰に用いられている木材を酸素同位体比年輪年代測定すればI期中段階の年代を求めることができる。この時期は炭素一四年代の二四〇〇年問題といわれ、較正暦年代をピンポイントに絞り込むことができない時期なので、私たちの期待度は高まった。

筆者と名古屋大学の佐野雅規（現歴博プロジェクト准教授）、歴博の箱﨑真隆は、二〇二二年一二月に現地を訪れてサンプリングをおこない、佐野が酸素同位体比年輪年代を測定したところ、統計的に前一〇〇三年と前五四〇年に二つのピークがみられることを突き止めた。しかし二つのピークのどちらが真の年代なのか、統計的に決めることはできない。

しかし、先述したようにI期新段階が前三八〇年を上限とするので、それよりも古いI期中段階が前一〇〇三年であるはずはない。また堰に伴った遠賀川系土器の甕に付着していた炭化物の炭素一四年代が二四〇〇年問題のなかにはいっていることを考慮すれば、この堰の年代が前五四〇年に定点をもつと判断できると考えた（図3）。

この結果、岡山のI期中段階は前六世紀中ごろに定点もつこと、そして、歴博がI期中段階に併行する九州北部の前期後半（板付Ⅱb式）を前六世紀中ごろ以降としていることとも整合性をもつことを確認した（藤尾・坂本稔・佐野「岡山大学構内遺跡における水田稲

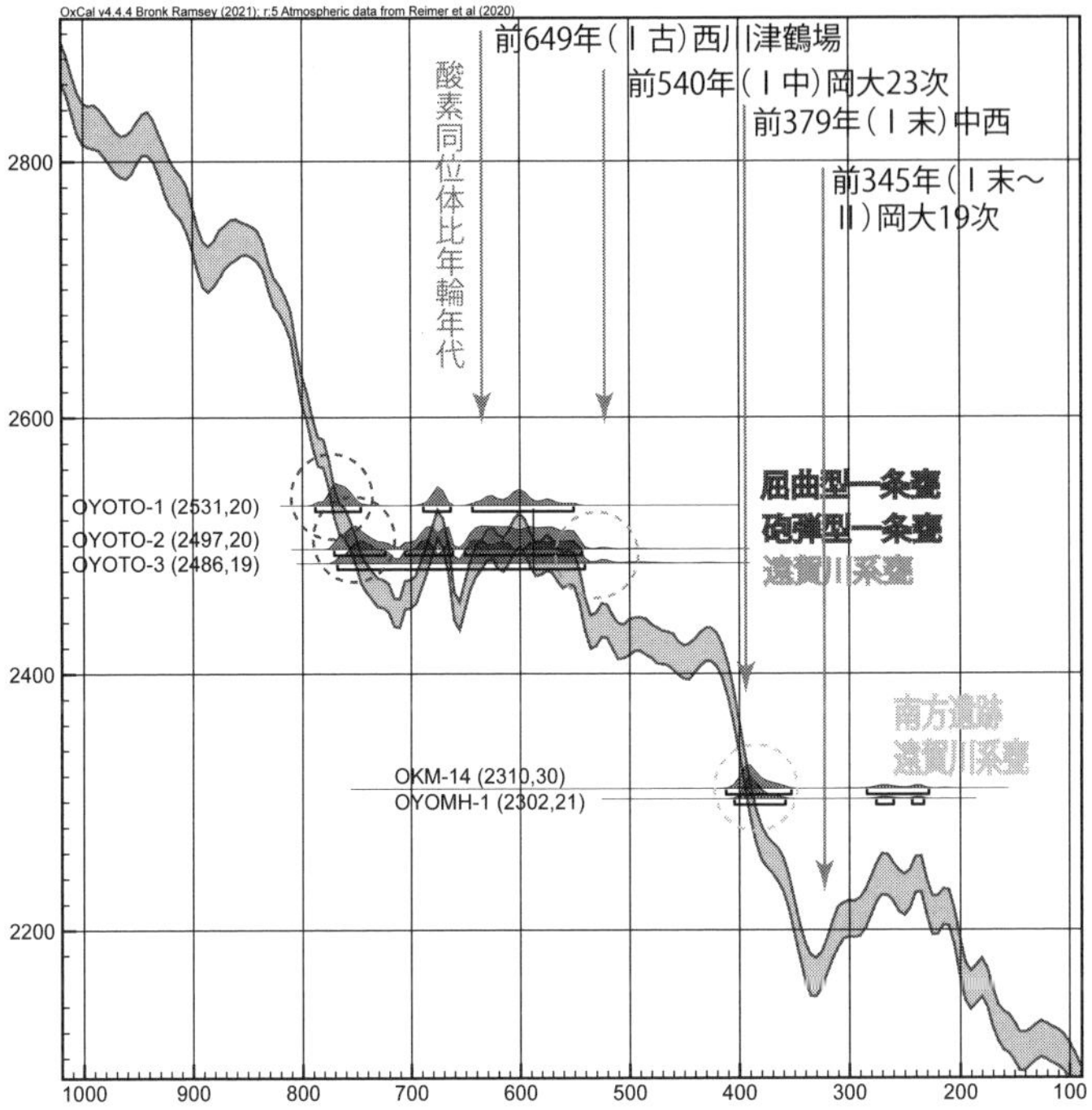

図３　中国地方のⅠ期の年代（藤尾ほか2023）

グレーの矢印は酸素同位体比年輪年代.

作の開始年代」『文明動態学』二、二〇二三）。

では岡山において水田稲作が始まったⅠ期古段階の年代は、いつ頃なのであろうか。あいにく岡山にはⅠ期古段階の木材もⅠ期古段階の土器に着いた炭化物もなかったが、同じ中国地方にある島根県松江市にある遺跡から出土した、Ⅰ期古段階にさかのぼる土器に伴う木材の酸素同位体比年輪年代が測定されていたことを知ったのである。

弥生前期中頃（Ⅰ期古段階）の年代

島根県松江市西川津遺跡は、この地域でもっとも早く水田稲作が始まった遺跡の一つとして知られているが、鶴馬地区で出土した木材の酸素同位体比年輪年代測定がおこなわれ、前六四九年に定点をもつと報告されていたのである（李貞・中塚武・原田敏輝「西川津遺跡出土木材の酸素同位体比年輪年代法による年代決定」『島根県古代文化センター研究論集』第二五集、二〇二一）。

ただ報告書では、この木材にはⅠ期古段階から新段階にかけての土器が伴っていたことから、前六四九年という年代がどの土器の年代なのかはわからないと結論づけられていた。

しかし、先に述べたように岡山のⅠ期中段階や近畿のⅠ期新段階の年代が決まったことで、前六四〇年という年代は、岡山のⅠ期中段階より一〇〇年近くも古いことから考えるとⅠ期古段階の年代とみることができると判断した。

これによって中国地方のⅠ期古段階、すなわちこの地方で水田稲作が始まるのは前七世紀中ごろに定点をもつことになる。この年代は九州北部の前期中ごろ、すなわちⅠ期古段階に併行する板付Ⅱa式の年代（前七〇〇〜前五五〇年）とも整合的なので、この時期も土器付着炭化物をもとに構築された較正暦年代の精確さが確認されたことになる。となれば前期で酸素同位体比による年代の検証がおこなわれていないのは前期初頭（板付Ⅰ式）だけということになる。

弥生前期初頭（板付Ⅰ式）の年代

前期のはじまりを直接示す酸素同位体年輪年代はまだ測定できていないが、前期が始まった年代は西川津遺跡のⅠ期古段階の年代である前六四九年からある程度推定することができる。前期初頭の板付Ⅰ式土器の炭素一四年代である二五〇〇台を示す岡山の土器は、津島岡大式新に比定されている屈曲型一条甕である（図3：OYOT01）。この甕の炭素一四年代（二五三二±20 ^{14}C BP）の較正暦年代は前八世紀前半、前七世紀前半、前六〇〇年前後という三つのピークをもち、これ以上、絞り込むことはできない。

このうち板付Ⅰ式の年代がどのピークに該当するかを知るために、先にみたⅠ期古段階、中段階の酸素同位体比年輪年代である前六四九年と前五四九年を使う。すると板付Ⅰ式の年代はⅠ期古段階の年代である前六四九年よりも古いので、三つのピークのうちの古い方二つのどちらかということになる。もっとも古いピークである前八世紀前半であれば較正暦年代は前七九〇〜前七四五年なので、歴博が板付Ⅰ式の較正年代とした前七八〇〜前七〇〇年のなかにほぼおさまっている。二つめのピークであれば前七世紀前半なので歴博が板付Ⅱa式の較正暦年代としたものに該当する。あとは前期初頭の木材の酸素同位体比年輪年代を測って検証するだけである。

酸素同位体比年輪年代による歴博較正暦年代の検証

以上、歴博が構築した弥生前期初頭から中期後葉新段階までの較正暦年代は、酸素同位体比年輪年代による検証の結果、どれも整合的な年代であることが確認された。土器付着炭化物を試料に構築された歴博の較正暦年代は、海洋リザーバー効果や古木効果の影響で古く出る可能性があるのでどれも妥当でないという一連の批判は、すべて間違っていたことが明らかになったといえよう。図4は韓半島南部と日本における土器付着炭化物に基づいた較正暦年代と酸素同位体比年輪年代との関係を示したものである。韓半島分は釜山大学校の李昌煕の作成による。

遺跡名はその時期の代表的な遺跡、もしくは酸素同位体比年輪年代を測定した遺跡である。較正暦年代は歴博が土器付着炭化物を試料に炭素一四年代を測定して求めたもの、そして最後は酸素同位体比年輪年代である。欄外は宮本の弥生前期の年代観である。このうち前期中ごろ（Ⅰ期古段階）以降の三つの時期は、これまでみてきたように両者の間に矛

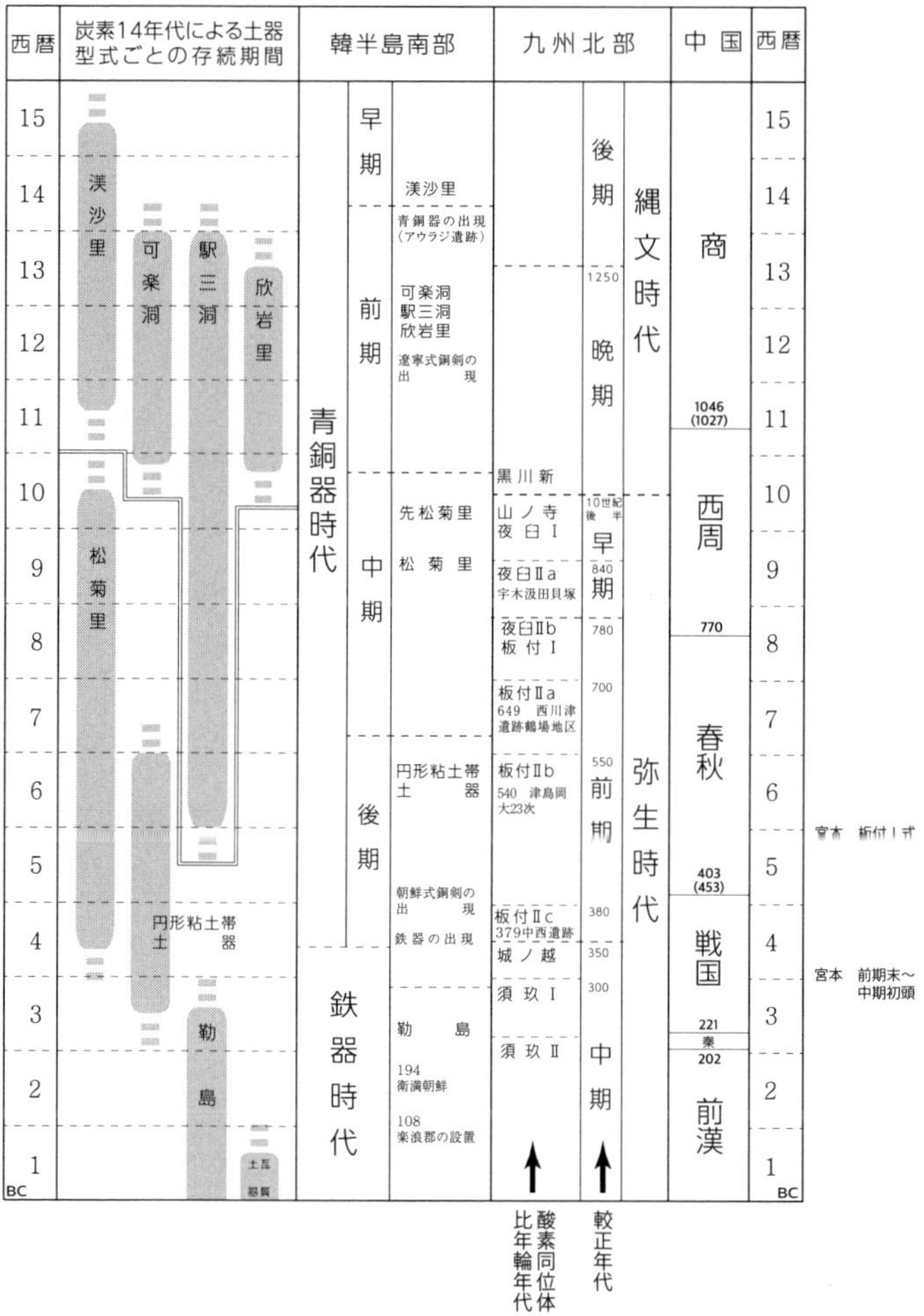

図4　韓半島・日本の較正暦年代（〔李昌熙2017〕に藤尾作図）
実線は史料に書かれた年代，破線は較正年代と酸素同位体比年輪年代．

盾はなく整合的であった。また前期初頭についても津島岡大式新に比定された屈曲型一条甕の較正暦年代である前七九〇〜前七四五年と、歴博年代との間に矛盾は認められなかった。のこるは弥生早期の較正暦年代の検証である。

水田稲作開始期の気候

弥生時代研究と気候変動研究のあゆみ

弥生開始期は寒冷化という従来の理解

この章では弥生時代約一二〇〇年間のうち、特に伊勢湾岸地域以西の各地で水田稲作が始まったころの古気候について考える。日本で水田稲作が始まったころの気候は寒冷化していた、というキーワードで語られることが多く、その寒冷化こそが食料不足に陥っていた縄文人を水田稲作へと駆り立てるきっかけとなった大きな原因と考えられることが多かった。

水田稲作が始まったころが寒かったという考えは、一九六〇年代に進展した第四紀研究の成果であり、第四紀の年代は炭素一四年代測定結果に基づいている。しかし弥生時代の開始期が前三〇〇年ごろというのは、当時の考古学界の年代観に従ったものなので、前三〇〇年ごろが寒冷化していたと考えていた第四紀研究は、弥生開始期が寒かったと考えるようになったのである。

前三〇〇年ごろといえば、あとでふれるように酸素同位体比による古気候復元では乾燥・温暖期に相当し、寒冷化していなかったことがわかっているので、弥生開始期＝前三世紀＝寒冷化という誤った図式は実に四〇年にわたって続いてきたことがわかる。

そこでまず本章では、第四紀研究が前三〇〇年ごろを寒かったと考えるようになった経緯や根拠を検証した上で、その成果が考古学者にどのように受け取られてきたかを考える。そのあとで、現在、弥生時代の開始期の気候がどのように考えられているのか、最新の研究成果を紹介する。

先史・古代を対象とした気候変動研究の少なさ

別に弥生時代に限ったことではないが、古気候研究と考古学との関係で気づくのは、樋上昇も指摘するように、気候変動が先史・古代史に影響を与えたと解釈した研究が少ない点である（樋上昇「気候変動と先史・古代史研究―研究史の批判的整理―」『新しい気候観と日本史の新たな可能性』気候変動から読みなおす日本史1、臨川書店、二〇二二）。この理由について春成秀爾さんから話をうかがったことを想い出す。「いわゆる環境決定論は、唯物史観が華やかなりし戦後の考古学においては否定的に捉えられていたこと。歴史を動かすのは環境の影響ではなく、人類が環境に対して自発的な働きかけをおこなってきたからだ」という主旨であった。

気候変動どころか、六〇年代の概説書を読んでも弥生時代の気候について解説したものすらわずかである。近藤義郎の「弥生文化論」には、「日本が当時において、水稲栽培可能の北限地域の一つとなりえたのは、およそ紀元前数世紀の頃からはじまったと想定されている汎世界的な気候の温暖化が、重要な基盤をなしたことによると考えられるが、……」(「弥生文化論」『岩波講座日本歴史』一、一九六二、一五六頁)という記述があり、日本の水田稲作は温暖な気候のもとで始まったと考えていることがわかる。

佐原真は、「海退によってひろい海岸平野が出現していた。砂丘の後にせきとめられた後背湿地を形成し、水田農業をひろげるのに絶好の場を提供した。」(「農業の開始と階級社会の形成」『岩波講座日本歴史』一、一九七五、一四一頁)、と書いているので、海退という用語から寒冷化を念頭においていたと思われるが、「寒冷化」という用語をみることはできない。

岩波講座日本歴史と同じ一九七五年に刊行された『稲作の始まり』(古代史発掘四、講談社刊)には、「自然環境」という項目が設けられ、「縄文時代も終りに近づいた頃から世界的な海退が始まり、……」(佐原眞・金関恕「米と金属の世紀」講談社、一九七五、三五頁)、という記述があるので、弥生開始期の海退現象については広く念頭におかれていたと予想できるが、やはり寒冷化という用語をみることはできない。

したがって七〇年代になると第四紀研究の成果である前三世紀ごろの海退現象が、弥生開始期の現象として認識されるようになっていたことは確かだが、考古学者が寒冷化自体をどのぐらい重要視していたのかどうかを読み取ることは難しい。

概説書に登場

考古学の概説書に、弥生時代の環境に関する解説が本格的にとりあげられるようになったのは、一九八五年に刊行された『岩波講座日本考古学』の第二巻がはじめてではないだろうか。「人間と環境」という章が独立して設けられ、旧石器時代、縄文時代とならんで弥生時代も取り上げられている。弥生時代については、井関弘太郎が「弥生時代以降の環境」というタイトルで執筆している。内容はいずれも後述するように寒冷化とリンクする海水準変動に伴って形成されるクロスナ層と埋積浅谷《まいせきせんこく》に関するものである。

これ以降、雄山閣の『弥生文化の研究』第一巻「弥生人とその環境」には、弥生人の活動の舞台として古気候が取り上げられ、同成社の『弥生時代の考古学』は、第一巻から第三巻まで、弥生早・前期、中期、後期の三期に分けて、「炭素一四年の記録から見た自然環境変動」というタイトルで、放射性炭素濃度の変化を中心に据えた弥生時代の環境の変化を考える論考が掲載されている。このように八〇年代以降は、弥生人をとりまく環境のなかの一つとしての古気候が取り上げられるようになっていたことはわかるが、気候が歴史に与えた影響を積極的に捉える研究はまだ少ないと言ってよいだろう。唯物史観の影響がまだ残っていたからであろうか。

そんななか、設楽博己の次の文章は、歴史の展開に果たした古気候の役割を積極的に取り扱うべきであることを主張している点で、一歩踏み出した感がある。「環境決定論というレッテルのもとにその作業を中断するのはたやすい。しかし、今日身のまわりで生じている現象をみても環境が人間の歴史に与えた影響ははかりしれないものがある。（中略）、そのときどきの条件や制約を考慮しながら仮説を提示し、批判をくり返し受けていかなくては課題解決の進展はない。（中略）人と環境の複雑な相互作用として歴史をとらえる見方は、こんごますます重要度を増してくるであろう。」（今村・設楽「炭素一四年の記録から見た自然環境―弥生時代中期―」『弥生時代の考古学』第二巻、同成社、四九～五〇頁）。

それでは、以下、寒冷化の証拠とされている海退や埋積浅谷などの海水準変動、花粉分析、放射性炭素濃度、酸素同位体比の順にとりあげて、それぞれの自然科学的な特徴をみていくことにする。

海水準変動の背景に寒冷化を想定

弥生の小海退と埋積浅谷

弥生の小海退とは第四紀学の用語で、弥生時代のころの海面が現在に比べて二〜三メートル低いところにあったと推定されることから生まれた用語だという。井関弘太郎によれば、はじめてこの用語を用いたのは、古川博恭だという（井関「海水準変動」『弥生文化の研究』一—弥生人とその環境—、一九八九）。

古川は濃尾平野の西部一帯の地表下数メートルに発達する厚さ三メートルにも達する泥炭層中には、やや冷涼な気候であったことを暗示するシダ胞子の消長やコウヤマキが見られることから、冷涼な気候のもとで泥炭層が形成されたと考えた。泥炭層の時期は炭素一四年代測定により、二五〇〇〜一五〇〇炭素年前に形成されたもので、マイナス二メートルほどの海水準低下を想定している（古川「濃尾平野の沖積層—濃尾平野の研究その1」『地学論集』七号、一九七二)。

二五〇〇炭素年といえば、当時は「弥生時代の暦」の章でみたように弥生前期初頭と考えられていたので、「弥生の小海退」という名称がつけられたことになるが、実は海退だけではなく、他にも埋積浅谷という地形が列島各地で発見されていたこともふまえてのことであった。

埋積浅谷

埋積浅谷とは、海水準が下がると河川が削る浸食面も下がるので、河川が下刻する作用がさらに強まり、結果的に海岸地域に浅谷が形成される。井関によれば、この形成時期がクロスナ層が形成される縄文後・晩期〜弥生中期という寒冷化した時期と一致するというのである（井関「弥生時代以降の環境」『岩波講座日本考古学』一、一九八五）。

辻誠一郎も、西日本に所在する佐賀県吉野ヶ里遺跡、長崎県原《はる》の辻《つじ》遺跡、鳥取県青谷上《あおやかみ》寺地《じち》遺跡など、規模の大きな環壕集落や拠点的な集落において、埋積浅谷が弥生前期から中期にかけて形成されていることを確認している（「弥生時代の環境変動と弥生文化の拡大」『多様化する弥生文化』弥生時代の考古学三、二〇一一）。

原の辻遺跡では、弥生中期初頭の大量の遺物群と木材などの植物遺体が包含される深さ一《メートル》前後の浅い谷が確認されている。また青谷上寺地遺跡でも弥生前期から中期にかけて、深さ約二メートル、幅数一〇メートルの浅谷が形成されている。これらの資料は中期初頭以前に海面低下が起きていたことを示しているという。

弥生の小海退とクロスナ層

クロスナ層とは腐植質層のことで弥生時代の遺物が多数含まれており、縄文後・晩期から弥生中期にかけて形成されたと考えられている。要は海水面が下がり陸地になっていたときに繁茂した植物が枯れて堆積したことを意味している。現在ではこの層が海底まで続いているところから、植物が繁茂していた縄文後・晩期から弥生中期にかけては、現在よりも海水面が下がって陸地になっていて、植物が繁茂できる環境にあった。すなわち海退現象が起きて寒冷化していた証拠だと考えられている。

戦前から海岸砂丘を構成する砂層の間に、先史遺物を包含する腐植質層が挟まれることは石川県内灘《うちなだ》砂丘などで知られていたが、豊島吉則や赤木三郎が鳥取県高浜砂丘や鳥取砂丘の発達史を解く鍵層として黒褐色砂層を用い、これに「クロスナ」の名を与えたのがはじまりだという（豊島吉則・赤木三郎「鳥取砂丘の形成について」『鳥取大学学芸学部研究報告（自然科学）』一六号、一九六五）。

クロスナ層を時期別に細分したのが遠藤邦彦である。遠藤は炭素一四年代の測定結果をふまえてクロスナ層を旧期・新期の二時期に分け、このうち旧期クロスナ層が縄文後期から弥生時代ないし古墳時代初期にいたる考古遺物を包含していることから、旧期クロスナ層がほぼ同時期に全国規模で形成されたと理解した（遠藤「日本における沖積世の砂丘の形成について」『地理学評論』四二、一九六九）。

そしてこの旧期クロスナ層が海方へ向かって傾斜していき、現在の海面下まで連続していることからみて当時の海面が低位にあったこと、すなわち寒冷化していたと理解したのである。

この背景には一九六〇年代に最新の成果と考えられていた、ローズ・W・フェアブリッジが復元した地球規模の海水準変動曲線と近似していたことがある。

フェアブリッジ曲線とは、世界中でバラバラに観測されていた歴史時代の微少な海水準変動のデータを時代順に並べたものであるが、氷期の寒暖サイクルのなかで巨大な氷床の盛衰に伴う海水準の変動になぞらえて、気温変化の便利なプロキシーとして古代史や中世史の研究者によく使われてきたという経緯がある。

しかし現在では実際の海水準を表していないだけではなく、そもそも気温の上昇が海水準を上昇させるまでの間には数百年の誤差が生じると考えられるので、当時の気温を直接反映する指標とはならないと考えられている（中塚武『気候適応の日本史―人新世をのりこえる視点―』吉川弘文館、二〇二二）。

しかも酸素同位体比による古気候復元によると弥生中期から古墳時代にかけては、相対的に海面が一〜二メートル上昇した現象が各地にみられるので、この時期については温暖化していたと考えられている。

砂丘形成の原因として寒冷化を想定

沿岸部に砂丘が形成される要因を寒冷化に求める田﨑博之や甲元眞之の研究をみてみよう。

田﨑は、佐賀県唐津湾周辺の遺跡の調査結果をふまえ、縄文晩期前半から中葉にかけて後背湿地が縮小する一方で、砂丘が形成される要因として海水準の下降を推定している（「発掘調査データからみた砂堆と沖積低地の形成過程」『砂丘形成と寒冷化現象』平成一七年度〜一八年度科学研究費補助金研究成果報告書、二〇〇七）。

その結果、海水準は縄文晩期前半から中葉にかけて低下した後、弥生早期（縄文晩期後半）の夜臼単純段階（前五〜前四世紀）に上昇したものの、弥生前期初頭（前三世紀）から前半にかけて再び低下。前期中葉から後半にかけて上昇した後、前期末（前二世紀前葉）から中期中葉にかけて低下したとした。カッコ内は田﨑の相対年代と暦年代である。

田﨑の復元案では、稲作開始期の気温は低下していたものの縄文晩期後半段階（弥生早期）に上昇。水田稲作が西日本に広がる前期中ごろ（前三世紀なかごろ）は温暖期であるが、前期末（前二世紀前葉）に東北北部で稲作が始まってからは寒冷化したことになる。

田崎は弥生早期説を採らないので、水田稲作は縄文晩期後半に始まったという考えであり、かつ弥生短期編年の立場なので、暦年代と相対年代との関係は、本書とは異なっているのでご注意いただきたい（カッコ内の西暦はすべて短期編年の場合の暦年代である）。

甲元眞之は、遺跡の立地を根拠に、砂丘上に遺跡が増加する前八世紀中葉（弥生早期）、前四世紀中葉（前期後半）、後二世紀後半（後期後半）に寒冷化したと想定した（「東アジアからみた弥生時代」『弥生時代』下、講座日本の考古学六下、青木書店、二〇一一）。甲元は前八〇〇年ごろに水田稲作が始まったとする弥生長期編年を採るので、水田稲作が始まる前八世紀中葉と前期後半〜前期末にかけての前四世紀中葉が寒冷期と理解する。田崎や甲元の復元案は、後述する酸素同位体比年輪年代にもとづく古気候復元とはずれている。

このように考古学者の場合は、水田稲作が始まった時期を縄文晩期後半とするか弥生早期とするか、といった時代区分の問題と、前五〜前四世紀に水田稲作が始まったとする弥生短期編年をとるか前一〇〜前九世紀に水田稲作が始まったとする弥生長期編年をとるかによって、同じ炭素一四年代、同じ較正暦年代であっても、対応する相対年代（土器型式）が異なる場合がある。したがって較正暦年代は同じでも、寒冷化したのが縄文晩期後半なのか、弥生早期なのか、前期なのか中期なのか、といった相対年代が研究者によって異なる場合があるため注意が必要である。

以上のような海水準変動の背景に寒冷化を求める説について中塚武は、海水準変動は気候変動以外にもグローバルおよびローカルな地殻の変動の影響を強く受けるので、地球全体につながっている海の変動が、必ずしもローカルな気候変動に対応するとは限らないという（「気候変動と歴史学」『日本史と環境―人と自然―』環境の日本史一、吉川弘文館、二〇一二）。

したがって水田稲作が紀元前何年に始まったのかが決まらない限り、水田稲作開始期の気候がどうだったのかを正確に知ることは難しいことがわかる。

花粉分析による寒冷化説

辻誠一郎の環境変動史

人間活動による生態系の変化を花粉分析をもとに縄文時代以降の植生史のなかに位置づけようとした動きが、花粉帯区分とその広域的な対比にもとづくクロノゾーンの設定である。一九五二年に中村純が完新世の古い方から花粉帯をRⅠ帯、RⅠ―RⅡ移行帯、RⅡ帯、RⅢ帯の四つに区分したのを嚆矢とする。このうちRⅢ帯を、気候の寒冷化を意味するニヨウマツ亜属の急増開始を指標に下位と上位に二分したのが塚田松雄である。のちにRⅢ帯の上位は水田稲作の開始と結びつけられることになる。辻はこれを、弥生文化の形成を植生史研究の立場から歴史的に捉えようとした最初の取り組みと位置づけている（「弥生成立期の植生と人工改変」『弥生時代の考古学』二、同成社、二〇〇九）。

辻は以前より弥生時代を「海退の時代」とよんでおり、縄文後期から弥生初頭にかけて起きた「弥生の小海退」と結びつけている。炭素一四年代では、約二五〇〇〜二〇〇〇炭素年相当としているので、弥生前期と中期に海退が起こったと考えているようである。

辻は縄文時代〜弥生時代にいたる環境変動史上の画期を二つ設定しているが、第四紀は縄文後期から弥生初頭にかけての寒冷化と埋積浅谷の形成によって示される海面の低下によって特徴づけられるとしている（「縄文と弥生―自然環境―」『季刊考古学』二三、一九八八）。

そのうえで、弥生前期までの寒冷化、中期の温暖化、後期の寒冷化とつづく温暖化、古墳時代の寒冷化が、各地における調査や環境変動の研究から明らかになってきたと考える。その意味では弥生時代は細かな変動の集まりともいえるので、辻は「弥生変動」ともよんでいる。

阪口豊の花粉分析

花粉分析をもとに体系的な研究をおこなったのが阪口豊と安田喜憲である。阪口は群馬県尾瀬ヶ原の泥炭堆積物の中に含まれる、寒冷な気候を好むハイマツの花粉の年ごとの存在割合から気温の変動を推定した（『尾瀬ヶ原の自然史―景観の秘密を探る―』中央公論社、一九八九）。

泥炭堆積物は数メートルの厚みをもつので、それを二センチ刻みで中に含まれる花粉の種類と量を

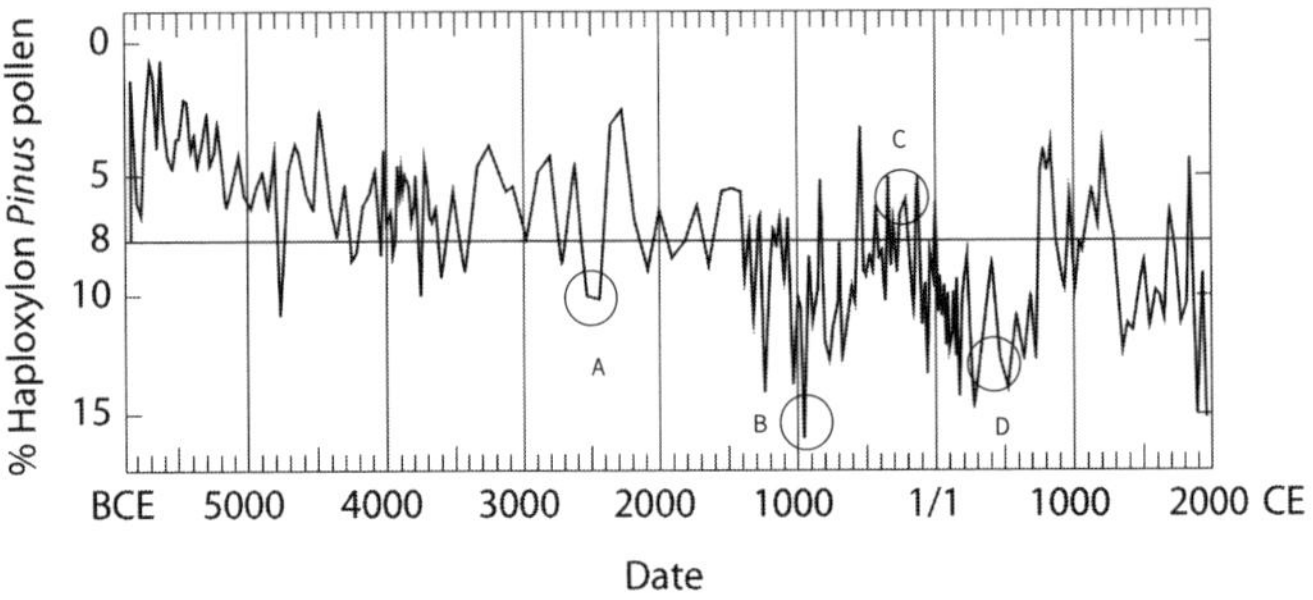

図５　阪口豊の尾瀬ヶ原のハイマツ花粉（阪口1989より）

調べることで高解像度の分析をおこなった。図５は、尾瀬ヶ原のハイマツ花粉をもとにした気温復元図である。多数の炭素一四年代測定や火山灰層の認定に基づいて正確な年代が層ごとに出されているので、年代への信頼性は高い。

この研究によると、縄文後期の寒冷期といわれる四・二Ｋイベント（Ａ）や、前一〇世紀前後の寒冷期（Ｂ）、前四〜前二世紀の温暖期（Ｃ）、後三〜六世紀の寒冷期（Ｄ）の存在などが明らかにされていて、後で述べる酸素同位体比年輪年代の結果ともよく対応している。

ただ残念なことに、当時の弥生時代の年代観が、弥生時代の開始年代を前三世紀とする弥生短期編年であったために、水田稲作は温暖期（Ｃ）に始まったと解釈されるなど、弥生長期編年のもとでの気候変動とは大きく異なる結果となっている。しかしこれは阪口の責任ではない。

では阪口が前一〇世紀前後（B）の気候をどのように位置づけているかというと、縄文晩期に起きた、それ以前にはない大きな気候変動の画期と捉えているので、中塚はきわめて注目すべき見解として評価している（阪口「過去一三〇〇〇年間の気候の変化と人間の歴史」『歴史と気候』講座文明と環境第六巻、朝倉書店、一九九五）。

すなわち、歴博が水田稲作の開始年代を前一〇世紀と発表する二〇〇三年以前の花粉分析結果は、前一〇世紀や後三世紀の古気候とは対応していたものの、弥生前期や中期の古気候は相対年代が弥生短期編年に基づいていたため対応はとれていなかったことになる。

安田喜憲の花粉分析―倭国乱期―

花粉分析結果をもとに二世紀後半の倭国乱期の気候変動を復元したのが安田喜憲である。安田は大阪府内の遺跡からみずから層序ごとに採取した花粉をもとに、河内平野の気候変動を復元している（「「倭国乱」期の自然環境―大阪府河内平野の事例を中心として―」『考古学研究』一二三―四、一九八四）。

それによると、弥生前期から中期への乾燥化、中期末から後期への湿潤・冷涼化など、きわめて優れたものとなっており、酸素同位体比による古気候データとの整合性は高い。

ところが層序ごとの土器型式、つまり相対年代は対応していたものの、層序ごとの暦年代は当時の近畿で一般的に考えられていた年代観を適用していたために問題がある。

その年代観とは、田辺昭三と佐原真が一九六六年に『日本の考古学』Ⅲ―弥生時代―の「近畿」で発表したもので、弥生後期（弥生Ⅴ期）のはじまりを西暦二〇〇年におく年代観であった。そのため、安田が復元した気候変動と暦年代は対応しているものの、相対年代との対応がとれていない結果となってしまった点が残念である。たとえば安田のいう後期初めの気候は現在の弥生終末の古気候を意味していることになる。

安田も阪口も西暦と古気候は対応していたが、相対年代とは対応していなかったがために、弥生時代や古墳時代開始期の古気候はあっていなかったのである。

花粉分析の問題点

中塚によると、試料を採取した地点周辺の植生分布を反映する花粉情報は気候の変動を記録できるが、植生を変化させる要因としては気候変動以外にも、人間による土地利用の変化や生態系の自然遷移などがあるため、花粉データを気候情報に読み替える際には慎重さを要するという。

また気候変動が植生を変えるまでにはかなりの年月がかかるので、花粉記録は一年ごとの気候の変動などを記録することができず、しかも数十年以上の時間の遅れを伴うので、リアルタイムの気候変動ではなく、比較的長期間の平均的気候を反映すると考えられるそうだ。すると前章でみたように、土器一型式の存続幅が一〇〇年以上ある弥生早・前期はまだしも、存続幅が五〇年を切るようになる中期後半以降は対応しづらいことがわかる。

ここまで説明してきた海水準変動、砂丘の形成、花粉などを根拠に進められてきた古気候復元は、弥生短期編年のもとでおこなわれてきたために、暦年代が異なるという欠陥があったことがわかった。そこで二一世紀になって新たに加わったのが、放射性炭素濃度を使った古気候復元である。

放射性炭素濃度をもちいた気候変動の分析

放射性炭素濃度をもちいた古気候復元

今村峯雄は、地球規模での重要な環境要因と見なされている太陽活動の盛衰を反映すると考えられる樹木年輪中の炭素一四濃度から、大気中の炭素一四生成率の変化を調べることで過去の太陽活動を調べて気候の変動を間接的に推論する（今村・藤尾「炭素一四の記録から見た自然環境変動―弥生文化成立期―」『弥生文化誕生』弥生時代の考古学二、同成社、二〇〇九）。また放射性炭素濃度を変えるもう一つの重要要因である巨大噴火についても一部言及している。

今村は、太陽活動が次第に低下する時期は気温がもっとも低くなる時期とほぼ一致し、逆に太陽活動が次第に回復に向かう時期は気温が高い時期と一致することが多いことを根拠としている。弥生早・前期、中期、後期の順に見ていくことにしよう。

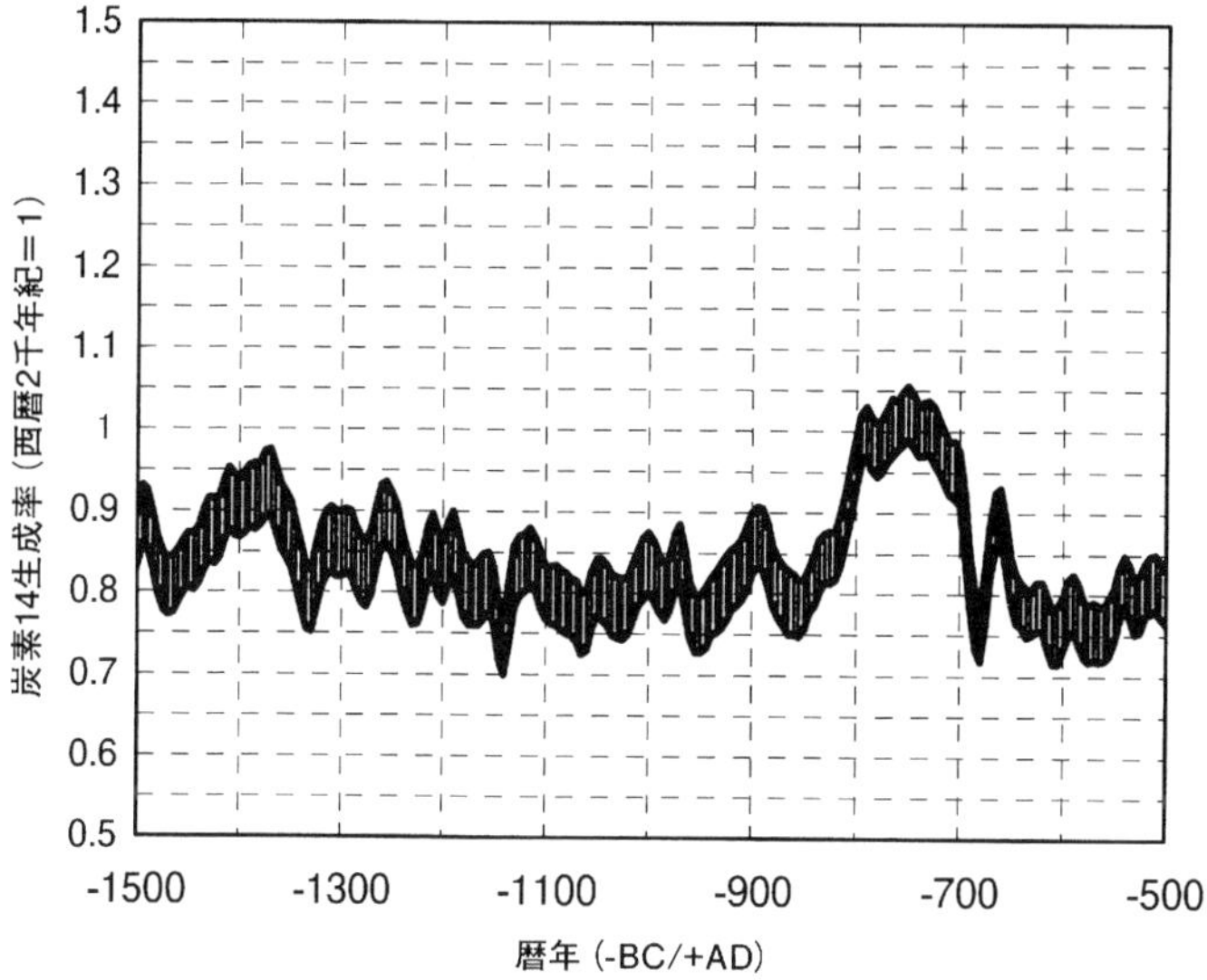

図6　前15〜前6世紀の太陽活動（炭素14生成率指標値）（今村・藤尾2009より）

（1）　弥生早・前期

気温が低下する要因となる太陽活動の停滞期は、縄文後・晩期も含めると前一四〇〇〜前一三五〇年、前一二五〇年、前九〇〇年、前八五〇〜前七〇〇年、前六七〇年ごろにみられ、とくに前八二〇年前後から始まる停滞期は規模も大きく期間も長い（図6）。甲元や宮本一夫が水田稲作の開始年代としている時期に相当する。

　前八二〇年前後から始まった太陽活動の停滞期は前六〇〇年半ばには終息し、その後は前四〇〇年ごろに始まる再度の大きな停滞期まで約二世紀半にわたって太陽活動は平常で気候も比較的温暖だったと推測している。中・四国地方や近畿に水田稲作が広がっていくのはまさにこの時期である。

したがって、九州北部において水田稲作が始まった時期（寒冷期）と、中・四国地方に広がっていく時期（温暖期）では、気温に違いがあることになる。

(2)　弥生中期

今村は、これまであまり議論がなされてこなかった数年〜一〇年単位という高分解能データによって弥生中期の気候変動を太陽活動の停滞期、ならびに火山活動による寒冷化との関係から推測した（今村・設楽博己「炭素一四年の記録から見た自然環境―弥生中期―」『多様化する弥生文化』弥生時代の考古学三、二〇一一）。

今村は、弥生前期終末までつづいた気候が前四一〇年ごろを境に急激に寒冷化したこと、前三世紀〜前寒冷な期間はその後徐々に回復に向かい前三〇〇年ごろは温暖だったこと、前一世紀前半は相対的に温暖な気候であったが間歇的に寒冷な気候が介在する、やや不安定な気候であった可能性が高いこと、前一世紀中ごろから後一世紀後半ごろまでは寒暖な気候が介在する不安定な時期も存在したと思われること、その後、二世紀初頭の温暖な気候を経て二世紀中ごろに冷涼化したと推測する。このあたりの状況は後述する酸素同位体比による古気候復元とほぼ一致している。

（3）　弥生後期

今村は弥生後期から古墳時代の気候を太陽活動から次のように推定している（今村・松木武彦「炭素一四年の記録から見た自然環境変動—弥生時代後期から古墳時代—」『古墳時代への胎動』弥生時代の考古学四、同成社、二〇一一）。

この期間は変動の大きい傾向がみられるが、全体としては比較的温暖だったと推定できること、七〇〜九〇年と、一三〇〜一五〇年に太陽活動の停滞期があり、中国の古記録を参考にすれば夏期の気温にその傾向をみることができるという。さらに中塚の酸素同位体比の研究から同時期に雨量が増加した事実があるという。またエルニーニョも多発していたらしい。

この時期以後、二三〇年ごろまでは温暖な傾向がつづくが、二三〇年以降は気温が下降気味になり、四世紀後半〜五世紀初頭のやや温暖な時期をはさんで七世紀まで、古墳時代は全体として冷涼な気候であったと推測する。

また巨大噴火の痕跡がグリーンランド氷床（GISP II）に記録されていて、西暦七七年、一五二年（太陽活動の時期と一致）、一六一年、一八一年、二六四年、二六七年に冷涼な気候だったことがみられるという。

中塚によれば、大気中の放射性炭素を取り込んで成長した過去の年輪年代のわかっている樹木年輪などの精密な分析によって得られる放射性炭素濃度の変化から、過去に起きた太陽活動の変動を一年ごとに復元できると評価する。そのうえで、太陽活動や火山の噴火は大気海洋相互作用などの気候変動の要因の一つにすぎないので、特にローカルな気候変動の直接な指標になるとは限らないという。しかも年代の分解精度が数十年から場合によっては数百年の時期もあって粗く、太陽活動の結果が放射性炭素濃度に反映するまでに時間を要するので、リアルに反映されないなどの短所もあるという。

放射性炭素濃度の課題

たしかに酸素同位体比には、時間の単位という点で到底及ばない放射性炭素濃度であるが、たとえ数百年単位の尺度であっても土器型式との対応をとることで大まかな傾向をつかむことはできる。酸素同位体比が登場するまでは気候の変化を年代と対応させるために不可欠な方法であった。花粉分析も海水準変動も炭素一四年代の較正暦年代にもとづいていたことを考えれば、年代の精度が粗いのも仕方のないことだといえる。

しかし一年単位で年代との対応がとれる方法として新たに出てきた酸素同位体比年輪年代測定法は、年代だけではなく一年ごとの相対的な降水量がわかり、かつ間接的に気温まで推定できるという分析法である。

酸素同位体比年輪年代法による寒冷化説

原理と特徴

酸素同位体比とは、任意の試料に含まれる「質量数一八の酸素原子の数を、質量数一六の酸素原子の数で割ったもの」のことである。酸素一六は陽子八個と中性子八個からなる質量数一六の酸素であり、酸素一八は陽子八個と中性子一〇個からなる質量数一八の酸素である。

同様に炭素や窒素ではなく酸素を使う理由について中塚は次の三つをあげている（中塚『酸素同位体比年輪年代法』同成社、二〇二一）。酸素は水分子のなかに含まれていること、酸素を含む水は地球上で氷・水・水蒸気という三つの形態をとること、酸素は古気候の記録媒体であるサンゴ年輪、鍾乳石、氷床コア、樹木年輪などあらゆる物質に含まれていることである。

年輪に含まれるセルロースの酸素同位体比を測定したものと、事前に作ってある年輪酸素同位体比の標準年輪曲線との間で変動パターンの照合をおこなうのである。八〇年代に日本考古学に導入された年輪年代法も、年輪幅をパターン化したものと標準年輪曲線との照合をおこなって年代を求めていた。しかし針葉樹の年輪しか使えなかったり、ある程度の年輪数を必要としたため限界があった。酸素同位体比は樹種の違いによらず広葉樹の年輪にも使えるうえに、水田関連遺構から出土する五〇年輪ぐらいの比較的少ない年輪数しかもたない資料である杭や矢板の伐採年代を測ることができるという優れものである。水田が造られた年代を知るにはもってこいの方法である。

セルロースの有効性

次にセルロースを使う理由について、分子構造の面で三つの特徴があるからだと、中塚はいう。まず鉄筋に例えられるほど丈夫で長持ち、構造が単純で分子の生成過程や酸素同位体比の変動メカニズムがよく解明されている、そしてセルロース分子中の酸素原子は、セルロースが一度できあがってしまうと何年たとうが永久に周囲の水などとはまったく交換しないことの三つである。とくに丈夫で、一度できあがってしまうと固定されてしまうという特徴は、長い間、地中に埋もれ、地下水などにさらされている遺跡出土の木材などに適した測定法といえるのである。

日本のような中緯度地帯において酸素同位体比が年ごとに変動する理由について、中塚は次のように説明する。葉の中における酸素一六と一八の比率は、大気中の湿度が変化すれば変わる。葉からは気孔を通じて大気中に水蒸気が拡散しているからこそ、葉は土壌から水や養分を吸い上げることができる。逆に大気中にも水蒸気があるので気孔を介して葉の中に水蒸気が入ってくるからこそ、全体的に水の収支がなりたっているという。

変動のメカニズム

問題は葉の中の水蒸気が大気中に拡散する際、軽い方の酸素一六の方が水蒸気になりやすいので、速く気孔を通過するという点である。そして大気中の湿度が低ければ低いほどそのスピードは加速する。したがって晴れて乾燥した日には酸素一六がどんどん蒸発するので、葉内の酸素同位体比も高くなるのである。反対に雨が降って湿潤な日にはそれほど蒸発しないので葉内の酸素同位体比は低くなるという理屈である。

このような湿度や降水量と葉内水の酸素同位体比の間にみられるの関係を、負の相関があるというそうである（中塚・佐野雅規「降水量―樹木年輪酸素同位体比セルロース酸素同位体比を用いた夏季降水量の復元―」『古気候の復元と年代論の構築』気候変動から読みなおす日本史二、臨川書店、二〇二一）。したがって雨が多い梅雨の年の酸素同位体比は軽くなり、逆に雨が少ない梅雨の年の酸素同位体比は重くなる。

実は酸素同位体比を左右する要因には、もう一つ、降水（雨水）中の酸素同位体比があるそうだが、日本のような中緯度地帯では相対湿度、降水同位体比とも降水量の変動と連動しているので、酸素同位体比年輪年代測定法がもっとも正確性が発揮できる古気候の指標なのだそうである。

二〇二三年五月現在、一年単位で夏の降水量の変動を統計的に精度高く記録したものが、本州北・中部では西暦二〇〇五年から四三五四年前（前二三四九年）までできあがっている（SANO Masaki, KIMURA Katsuhiko, MIYAKE Fusa, TOGANE Fuyuki and NAKATSUKA Takeshi 2023: Two Milennium-long tree-ring oxygen isotope chronologies（2349–1009 BCE and 1412–468 BCE）From Japan. *Radio Carbon* Vol. NR00）。では実際にこの指標を使って古気候がどのように復元されているのかをみていくことにしよう。

過去二六〇〇年間の夏季降水量変動

図7は、中部日本における二六〇〇年前から西暦二〇〇〇年までの酸素同位体比の変動を表したものである。二〇世紀の気象観測記録や一〇～一七世紀の古文書に記された気象災害記録などともよく一致していることが確かめられているという。

特に二〇世紀の気象データと比較したところ、本州南部から四国、九州、さらに長江下流域にいたる広い東西地域の六～七月の降水量の変化とよくあうことが確かめられている。

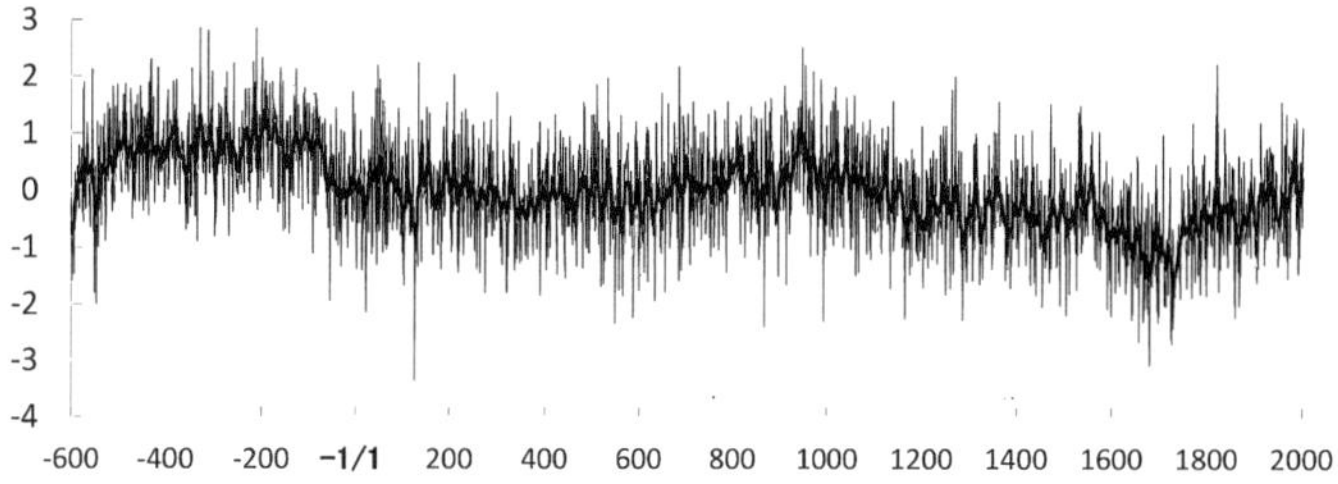

図７　夏季の降水量の指標となる中部日本の年輪セルロース酸素同位体比の気候成分の変動（Nakatsuka et al. 2020：Fig. 10より）

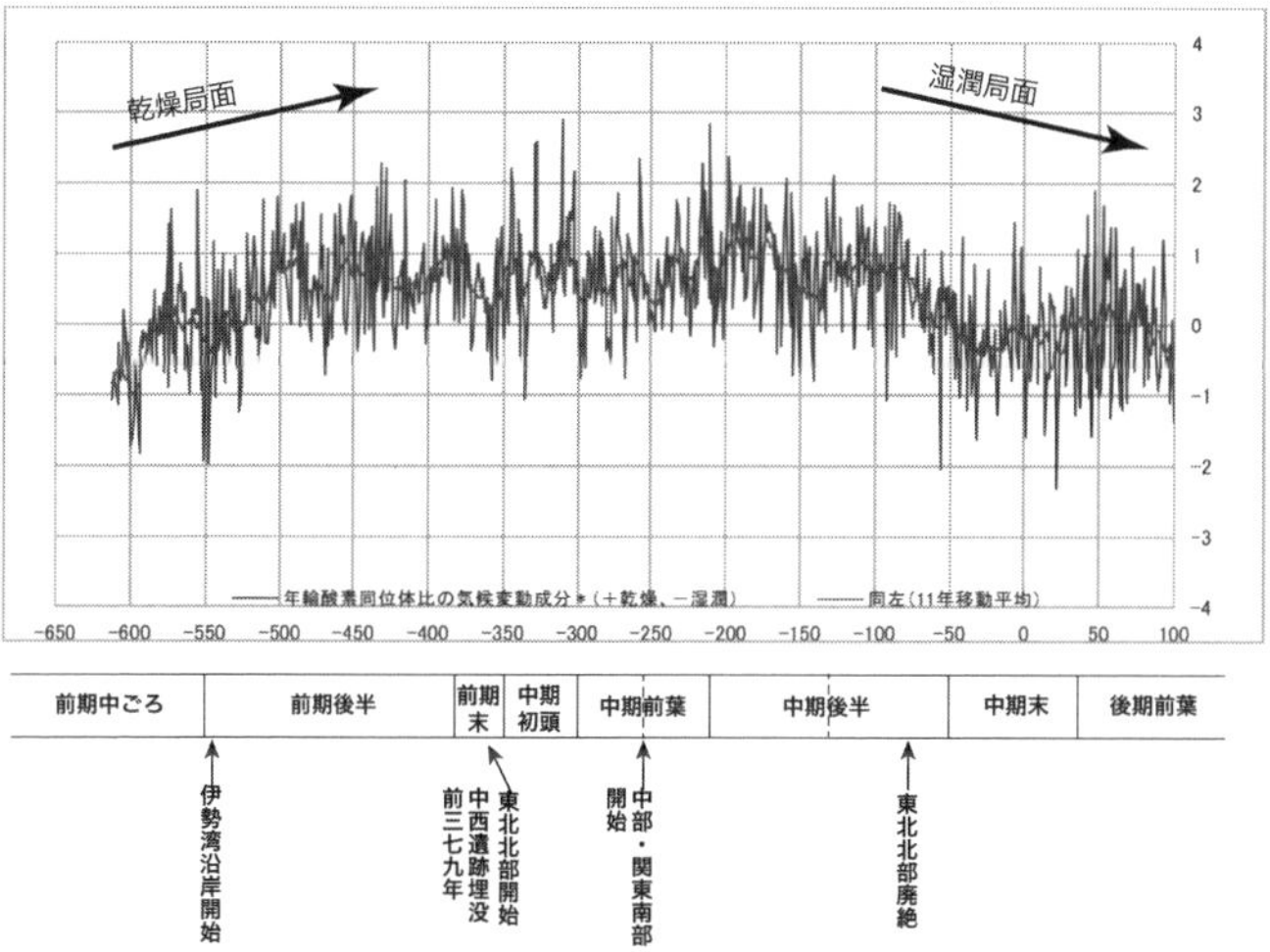

図８　前６～後１世紀の酸素同位体比による降水量変化と東・北日本における水田稲作の開始時期（藤尾2021：図２-５より）

つまり中部日本の年輪セルロースの酸素同位体比は、おもに梅雨前線の活動の変化を記録していただけではなく、初夏の気温ともある程度の相関を示していたことがわかったのである。

水田稲作の広がりと酸素同位体比の変動パターン

図8は、弥生前期中ごろから弥生後期前葉までの約八五〇年間を切り取ったものである。この図を見ると、前六世紀中ごろから前四世紀前葉までの約二〇〇年間は気温が次第に上昇して乾燥局面にあることがわかる。前六世紀中ごろといえば徳島や伊勢湾沿岸地域において水田稲作が始まった時期に相当する。

こうした状況は前五世紀にはいっても続き、前一世紀前葉まで継続している。前四世紀前葉には津軽地域で水田稲作が始まっていることから、気温の上昇と乾燥局面が東北北部における水田稲作の開始を可能にしたことがわかる。

変化が起こるのは前一世紀前葉の前八〇年ごろである。気候は低温・湿潤局面に変わり、津軽地域など東北北部では大洪水によって水田が埋没したことを契機に、水田稲作はもちろん農耕自体がおこなわれなくなる。こうした状況は古代までの数百年にわたって続いたと考えられている。

では、九州北部で水田稲作が始まって近畿に水田稲作が広がる前一〇〇〇年紀前半の古気候はどうだったのであろうか。先述したように前一〇〇〇年前後のデータは不足しているために別の方法で調べる必要があるが、実は正確な測定がおこなわれていたのである。一つは先述した阪口豊の花粉分析、もう一つが川幡穂高のアルケノン分子研究である。

ハイマツ花粉含有率の変化

先に述べた群馬県尾瀬ヶ原の泥炭堆積物を対象におこなったハイマツ花粉含有率の変化である。前一〇〇〇年〜前九〇〇年ごろは寒冷な気候であった（図5B）。研究が発表された当時、前一〇〇〇年ごろは縄文時代晩期や韓半島の無文土器時代が始まった頃と考えられていて、韓半島南部では京畿道欣《フ》岩《ナム》里《ニ》遺跡で水陸未分化稲の栽培が始まったころに相当する。つまり縄文晩期が始まった頃が特に寒かったと考えられていたことになる。

年代は炭素一四年代に基づいているので一〇〇年前後の誤差はつきもので、酸素同位体比のような一年ごとの高精度というわけにはいかないが、前五〇〇年以降の酸素同位体比との挙動がきわめて精確に連動していることがわかる。すると前一〇〇〇〜前八〇〇年ごろが寒かったことは間違いないようである。次に、海水温の変化をもとに水田稲作開始期の気候を調べた研究を紹介しよう。

アルケノン分子組成による夏季水温変動の復元

アルケノンとは、夏の表層水中に生息している円石藻という植物プランクトンだけが生産する特殊な有機分子のことで、分子のなかに含まれる「二重結合」という構造の数の変化から、過去に円石藻が生息していた場所の水温を正確に推定できることがわかっているという。夏は太陽の日差しの影響で海の表面の水温が上がり、表層水が軽くなって表面にたまりやすくなるそうなので、表層水温の変動は気温の変動によく対応すると考えられている。

図9は、広島湾の堆積物の柱状試料より抽出されたアルケノンから復元された、夏の表層水温の変化を復元したものである（Kawahata H., Matsuoka M., Togami A., Harada N., Murayama M., Yokohama Y., Miyairi Y., and Tanaka Y., 2017:Climatic change and its influence on Human society in western Japan Holocene. *Auaternary International*, 440, 2017)。年代は炭素一四年代測定にもとづいているので弥生前期を中心に粗くなっているが、火山灰層でポイントを押さえてあるので精度は高い。やはり前一〇〇〇年紀前半が寒かったことがわかる。

ハイマツ花粉とアルケノンが示す前一〇世紀頃の気候

尾瀬ヶ原のハイマツ花粉と広島湾のアルケノン分子組成、さらに前六〇〇〇年までの酸素同位体比を重ね合わせることによって、日本における気温・水温の長期変動データを作成したのが中塚である（図10)。

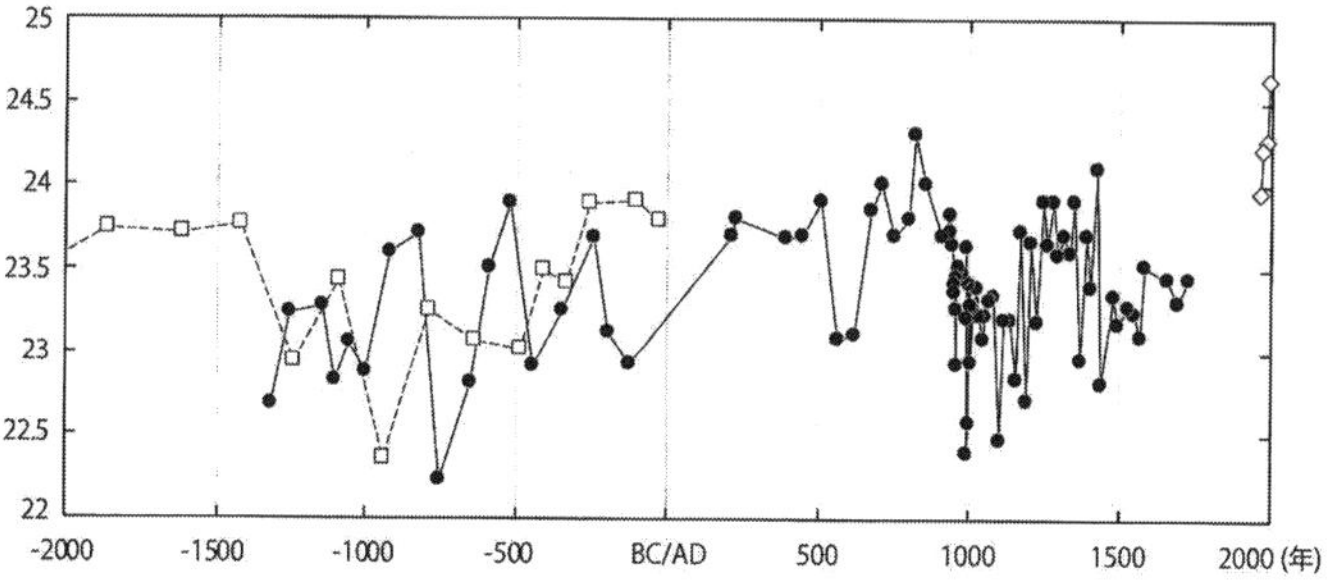

図９　広島湾の堆積コアに含まれるアルケノン分子組成から復元した夏の表面水温の変動（Kawahata et al. 2017：Fig. 3より）

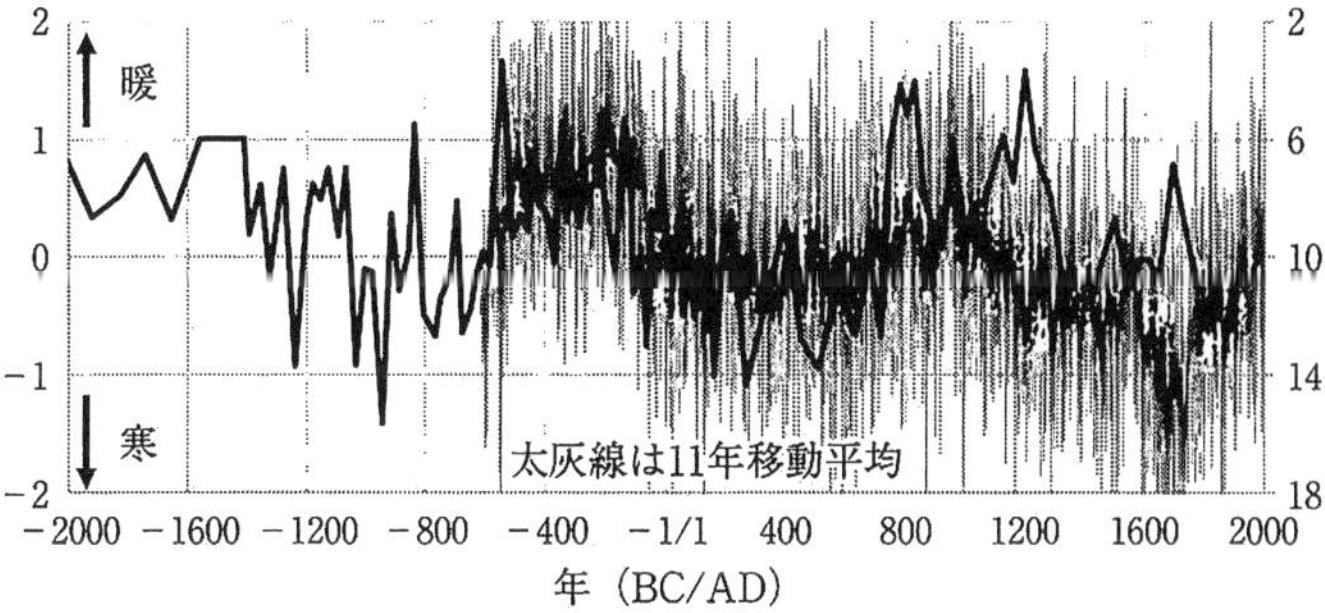

図10　中部日本の樹木年輪セルロースの酸素同位体比の気候成分（灰線）と尾瀬ヶ原の泥炭堆積物におけるハイマツ花粉の割合（黒線）（〔阪口1989〕〔中塚2019〕図19より）

場所も内容もまったく異なるデータではあるが、炭素一四年代や火山灰層を使って詳細に年代測定されているので、高精度に変動パターンをみることができるという。この図には前一〇〜前八世紀前後が寒冷期、その後温暖化することが示されている（『先史・古代における気候変動の外観』『先史・古代の気候と社会変化』気候変動から読みなおす日本史三、臨川書店、二〇頁、二〇二〇）。

弥生長期編年のもとでの古気候復元

過去の気候を知るための自然科学的な方法としては、海水準変動にともなう海退や埋積浅谷、花粉分析、放射性炭素濃度などがあるが、これらの年代はすべて炭素一四年代にもとづく較正暦年代なので、数十年から数百年の精度でしか絞り込むことができないという特徴をもっていた。しかも二一世紀になるまで、弥生時代が始まったことを示す指標である水田稲作の開始年代が、前五〜前三世紀と考えられていたこともあって、研究者によっては寒冷期であったり温暖期であったりで、寒冷期が主流とはいえ統一のとれたものではなかった。

ところが二一世紀になり、水田稲作の開始年代が前一〇〜前八世紀に引き上げられるとともに、年代の根拠が一年単位の高精度な酸素同位体比年輪年代にもとづくようになると、水田稲作が始まった頃の気候は、それ以降でもっとも寒い時期であったことが確認されることとなった。

さらに酸素同位体比の挙動と、尾瀬ヶ原のハイマツ花粉出現率、アルケノン分子組成の挙動がほぼ一致することも中塚によって明らかにされたことで、水田稲作が始まった頃の気候は、過去三〇〇〇年間でもっとも寒かったことがわかった。あとは前一〇〇〇年頃の標準年輪曲線を充実させるだけである。

以上みてきたように、寒冷期に水田稲作が始まったとすれば、前一〇～前八世紀に一体、韓半島南部と九州北部で何か起きていたのか、この問題は「水田稲作のはじまり」の章で明らかにすることになるが、その前に、ここ五年で急速に進んできたDNA分析の結果、水田稲作を伝えたとされる渡来人たちのイメージが変わるかもしれないという最新の研究を紹介しよう。ズバリ、二重構造モデルの見直しである。

弥生時代の人びと

形質人類学から分子人類学へ

この章は、九州、島根、鳥取、愛知の弥生時代人（以下、弥生人）と韓半島の新石器時代人を対象におこなったＤＮＡ分析の結果と、それが意味する問題を扱う。

分子人類学の登場

弥生人の骨がもっとも多く出土する九州には、外見などの形質や生業・文化に特徴をもつ三タイプの弥生人がいたことが知られている。縄文人の直系の子孫である在来（縄文）系弥生人の形質を強く引き継ぐ西北九州弥生人や南九州弥生人、水田稲作を持ち込んだ韓半島南部の青銅器文化人（いわゆる渡来人）、青銅器文化人と在来（縄文）系弥生人が混血した渡来系弥生人である。

国立科学博物館（以下、科博）の篠田謙一を代表とする研究グループは、人骨自体が出土していない青銅器文化人を除く二つの弥生人の核ゲノムを明らかにしてきた。その結果、これまで日本列島で暮らした他の時代の人びとよりも、弥生人の核ゲノムはきわめて多様であることがわかった。

また弥生時代が始まる三〇〇〇年以上前の韓半島南部に、渡来系弥生人に類似する核ゲノムをもつ新石器時代人が存在したことや、伊勢湾沿岸地域に水田稲作を伝えた渡来系弥生人には、在来（縄文）系弥生人と混血した形跡がほとんどみられないことも明らかになっている。これらの核ゲノム分析結果を受けて、私たち考古側も従来の渡来系弥生人成立過程や水田稲作の拡散過程を見直す必要性に迫られている。そのなかには、埴原和郎が一九九〇年代に発表した二重構造モデルの見直しも含まれている。

それでは、DNA分析の結果をふまえた弥生人との違いを明確にするために、DNA分析以前の弥生人のおさらいから始めることにしよう。

形質人類学が描く弥生人

今でこそ縄文人が暮らしていた九州北部に、韓半島南部から水田稲作をおこなう姿見や顔つきが異なる人びと（渡来人）が海を渡ってきて（渡来）、移住したことで、水田稲作が始まったことを疑う人はいない。もちろん、渡来人の人数や規模についてはいろいろな意見がある。その後、渡来人は在来（縄文）系弥生人と混血して渡来系弥生人が誕生する。また渡来系弥生人は各地の在来

（縄文）系弥生人と混血を繰りかえしながら東へと進み、水田稲作を東方へと伝えることになった。

こうした考えのもとになったのは金関丈夫《かなせきたけお》が一九五〇年代に発表した移住・混血説（金関『日本民族の起源』法政大学出版局、一九七六）だが、多くの人類学者に認められるようになったのは九〇年代になってからである。それまで主流だったのは鈴木尚の変形説・移行説である。この説は、姿形や顔つきが変わったのは水田稲作が始まったことで食生活や生活スタイルが変わったからという点を基本とする（鈴木『骨から見た日本人のルーツ』岩波書店、一九八三）。

相異なる二つの説は根拠となる資料が異なっている。金関は九州北部・山口地区の渡来系弥生人骨を根拠にしたのに対し、鈴木は関東地方の在来（縄文）系弥生人骨を根拠にしていた。これでは結論が異なるのは無理もない。また金関が九州北部・山口地区に限定して移住・混血説を主張したのに対し、鈴木は全国に広げて変形説・移行説を主張している点も異なる。こうしたボタンの掛け違いが四〇年近くも続いていた人類学界とはいかなる存在なのであろうか。いささか信じがたいところがあるが考古学界もほかの学問のことを偉そうにはいえるわけではない。

現在は、先史時代人から現代日本人への道のりを、全国一律ではなく地域ごとに考える方針が引き継がれたことと、埴原和郎の二重構造モデルの発表もあり、移住・混血説が主流となっている。

実は移住・混血説と変形・移行説は明治時代からの長い論争の歴史がある。長くなるので大正時代からの流れを簡単に追ってみたい。

移住・混血説と主体者論争

大陸から渡来してきた水田稲作民が使っていた土器として位置づけられていた弥生式土器（大正の固有日本人論）だが、大正期の弥生式土器はまだ現在の中期と後期に相当する土器しか知られておらず前期は存在すら確認されていなかったので、縄文式土器と弥生式土器との関係を詳しく知ることはできていない。

しかし一九三〇年代になって弥生前期相当の土器の存在が知られるようになると、その成立をめぐって考古学的な議論が可能となった。のちに遠賀川式土器と名づけられた土器である。形質人類学の世界で発表された移住・混血説を認識していた考古学者も当然、遠賀川式土器がどのように成立したのか、縄文人とどのような関係にあるのかなどに関心をもっていたことは間違いない。

一九五〇年代に最古の遠賀川式土器である板付Ⅰ式土器が設定されると、この土器の成立に渡来人がなんらかの形で関わっているという考えが生まれてくるのも不思議ではない。

その度合いや人数を大きくみるのが渡来人主体説である。逆にその度合いを少なくみる在来（縄文）系弥生人主体説では、渡来人の数は少なくてもよいという考えになる。

しかし肝心の水田稲作開始期には人骨がほとんど見つかっていなかったため、考古学者が参考にしたのが、大量の人骨が成人用甕棺に葬られるようになる前期末であった。しかも葬られていたのがほぼ渡来系弥生人であったことの説明は、形質人類学者と考古学者ではまったく異なっていた。

形質人類学者は弥生時代の開始期に多くの渡来人が来ていない限り、わずか一二〇年（当時の年代観）後の前期末に大量の渡来系弥生人がいたことを説明することはできないと考え、開始期における渡来人と在来（縄文）系弥生人との比率は一：一と考えた。

一方、考古学者は水田稲作開始期には縄文系の突帯文土器の甕が大量に使用されていることなどからすれば、在来（縄文）系弥生人の方が多かったと考えざるを得ないため、開始期の渡来人の数は一割程度で少ないと考えた。こうしたいわゆる主体者論争は、二一世紀になって弥生長期編年が登場するまで平行線のままだったのである。

形質人類学からみた九州の弥生人

内藤芳篤は金関説をふまえて九州の弥生人を三つに分けた（図11・「西北九州出土の弥生時代人骨」『人類学雑誌』一九七九―三、一九七二）。一つは前期末以降の九州北部の甕棺墓や山口県沿岸の石棺墓

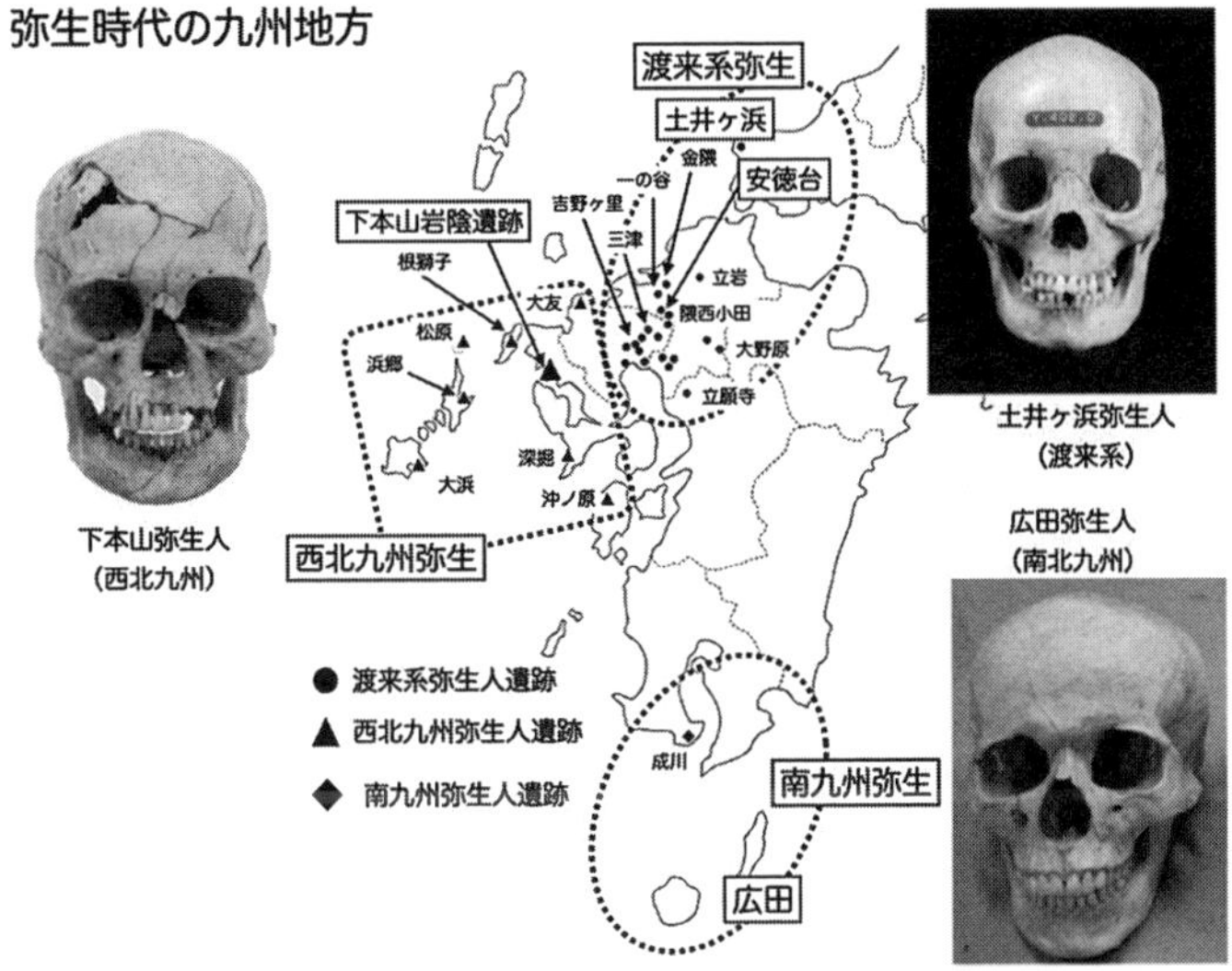

図11　九州の弥生時代人（篠田謙一氏提供）

から見つかる渡来系弥生人で水田稲作をおこなう人びと、二つは甕棺墓があまり分布しない西北九州の海岸部や九州南部の遺跡で見つかる、縄文人の特徴をとてもよく受け継いでいる西北九州弥生人と南九州弥生人である。これらは半農半漁か狩猟採集民である。

このようにして九州の弥生人は、形質と生業や文化を異にするさまざまなタイプの人びとから構成されていたと考えられることになる。

古モンゴロイドと新モンゴロイド

比率はともかく、考古学的には弥生開始期に渡来人がいたことはより確実視されるようになった。その渡来人とはどのような姿見をしていたのであろうか。一九八〇年代の前半、よく耳にしたのは古モンゴロイド、新モンゴロイド、寒冷地適応、という用語である。

アジアを中心に存在する黄色人種（モンゴロイド）には新旧二つがあり、このうち新モンゴロイドと在来（縄文）系弥生人が混血して、渡来系弥生人が誕生するという考え方があった。

約二・二万年前の最終氷期最寒冷期以前から東アジアに暮らしていたモンゴロイドは、顔の凹凸が比較的強く目鼻立ちがはっきりとしていて、上顎骨が発達していないので顔が寸詰まり（低顔）、輪郭が正方形に近いという身体的な特徴をもつ。古モンゴロイドである。

一方、同じ時期のアジアの北方域に暮らしていたのが、寒冷な気候に適応した身体的な特徴をもつ新モンゴロイドである。胴長・短足で、低い鼻、頬骨が張りだした扁平な顔、上顎骨が大きい長い顔（高顔）、一重まぶたで特有な蒙古ひだをもつ細い目、ヒゲや体毛が薄い特殊な体型をもつ。寒冷地適応した身体である。

古モンゴロイドの特徴をもつ縄文人が暮らしていた日本列島に、新モンゴロイドの特徴をもつ渡来人がやってきて、在来（縄文）系弥生人と混血することでできた渡来系弥生人が西日本を中心に広がる一方で、北海道や沖縄にはその影響が及ばなかったために、貝塚後期人や続縄文人には比較的古い古モンゴロイド的な特徴が多く伝えられたと説明された。そして古モンゴロイドと新モンゴロイドの両者が、主に本州・四国・九州において混血しながら「小進化」を遂げ、現代日本人を形成するに至ったという考え方は、まさに混血説、小進化説双方が成り立つ考え方であるといえよう。

ただし篠田によると、現在ではゲノム解析の結果、古モンゴロイドに相当する東アジア集団の北方への進出は、寒期が緩んだ時期以降であることが明らかになっているそうだ。旧石器時代の大陸におけるゲノム解析が進めば、複雑な集団の拡散状況が明らかになり、単純な新旧のモンゴロイドという図式は現実を表してはいないと考えられるようになっている。

また人種の概念には根拠のない偏見と差別が含まれていて、奴隷制度や植民地支配の正当化などにも使われてきた過去があるため、研究者の分脈において「人種」という言葉や概念は用いられなくなっているという。

現在ではグローバルなヒトの地域性を表すため、東ユーラシア系などといった用語が使われ始めている（木村亮介「東ユーラシア系集団および日本列島集団の表現的多様性」『最新DNA研究が解き明かす日本人の誕生』秀和システム、二〇二〇）。

移住・混血説の定着—二重構造モデルとの関係—

八〇年代に入ると、鈴木や金関が地域を限定して議論していた弥生人の起源研究は、アジア的な規模で渡来人の故地はどこか⁉、という議論の段階にはいる。埴原や溝口優司は人骨や歯に表れる形質の違いを数値化して、多変量解析することで大量のデータを処理し、

シベリアや北東アジアの集団と渡来系弥生人との系統関係を明らかにした。これらの説は、考古学的に弥生文化がシベリアや北東アジアと直接結びつくことが数少ないので成り立ちがたいが、日本列島へ到着する直前が韓半島南部であることは金関説と一致している。

埴原の二重構造モデルでは、東南アジアの旧石器時代人を祖先とする現代日本人は、列島内部での集団の同一化が及んだ縄文人と、北東アジアの新石器時代人を出自とする水田稲作と金属器を使用する渡来系弥生人という、ルーツを異にする二つの集団が九州北部を中心に混血して、その後も混血を継続してできあがったと考える（図12：Hanihara 1991: Dual structure model for the population history of the Japanese. *Japanese Review* 2)。

私たちは二重構造というと埴原説をイメージしがちだが、実は山口敏が一九八六年に出版した『日本人の顔と身体』（ＰＨＰ研究所）のなかで、日本列島人の重層性を意味する用語として「二重構成」を使っていることを斎藤成也が指摘している（「日本人起源論研究をしばってきたものごと」『学問をしばるもの』思文閣出版、二〇一七）。

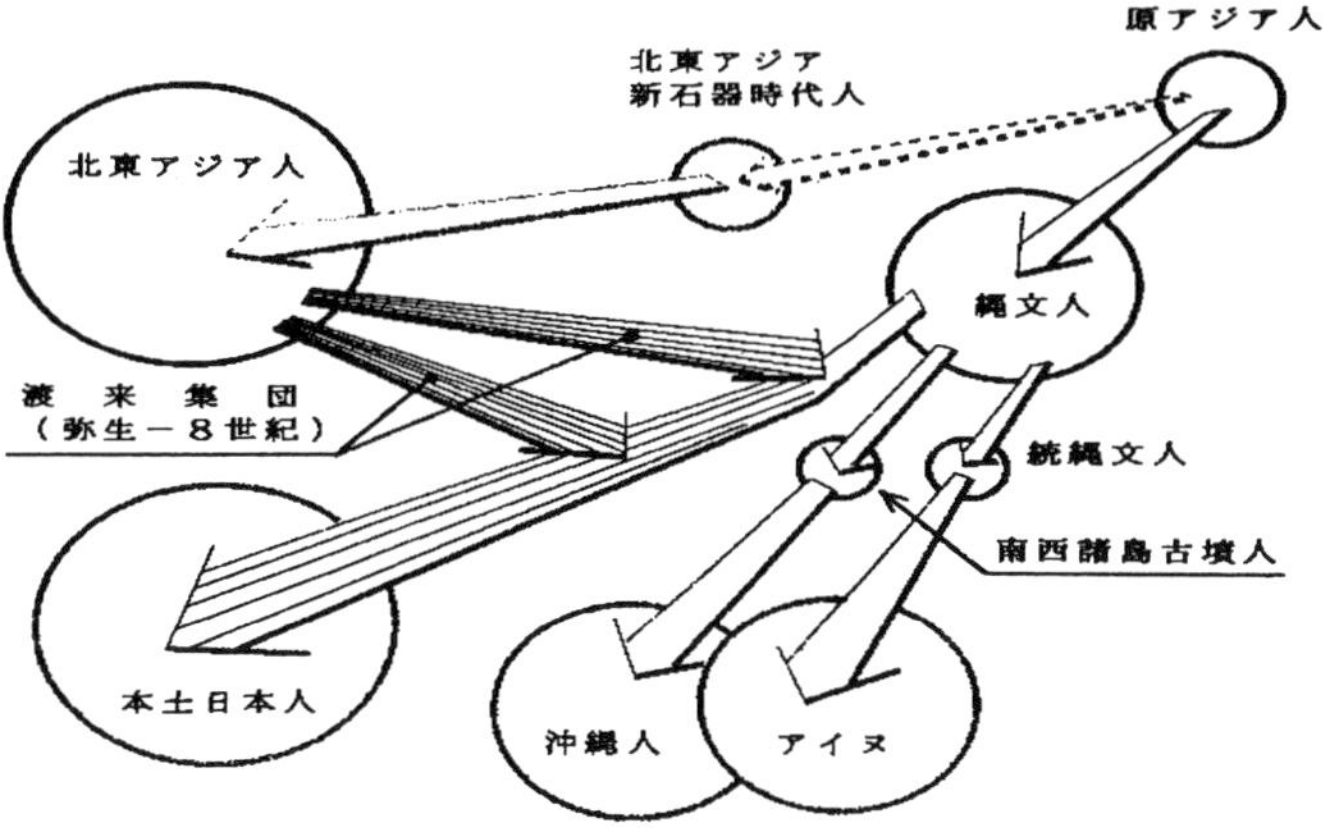

図12　二重構造モデル（Hanihara1991）

人口増加シミュレーション

埴原の仕事でもう一つ重要な研究が人口推定をめぐる初の定量的なシミュレーションである（Hanihara 1987: Estimation of the number of early migrants to Japan: a simulative study. *Japanese Anthropology Society*. Nippon 95)。

埴原は小山修三が推定した縄文終末期の人口を約一〇万、一〇〇〇年後の奈良時代の人口を約三〇〇万とする数字を用い、狩猟採集民である縄文人の人口増加率を年率〇・一％とした場合に、農耕民の人口増加率をいくつか変えて、渡来人が何人ぐらい来れば奈良時代の人口である三〇〇万人を達成できるのかをシミュレーションした。

その結果、初期農耕民である弥生人の人口増加率を〇・二％と仮定すれば一〇〇〇年間で約一五〇万人の渡来人、〇・三%と仮定すれば約一〇〇万人、〇・五%という非常に高い人口増加率を仮定すればごく少数ですむという結果を得た。

検討の結果、現代の農耕民の人口増加率である〇・五%ではあり得ないと判断し、〇・三%という農耕民の人口増加率を採用、一〇〇〇年間で一〇〇万人の渡来人が必要と結論づけたのである。

二重構造モデルの問題点

現在ではいくつか課題があることを篠田が指摘している。

人類学的には二つの課題があるという。まず、縄文人や弥生人の共通の祖先を日本列島から遠く離れた東南アジアの旧石器時代人と、シベリアの新石器時代人に求めている点である。DNA分析の結果、現在では、三〜二万年前に複数のルートではいってきた後期旧石器人の子孫が縄文人と考えられ、中国北部や遼寧地域系のDNAをもつ韓半島青銅器文化人が渡来人と考えられている。

さらに現生人類の起源と拡散に関するグランドセオリーが、多地域進化説からアフリカ起源説に変わっていること、弥生時代開始期における在来（縄文）系弥生人集団は均一な集団ではなかったことがミトコンドリアDNA分析の結果、明らかになっていることなどをあげている。

人口増加シミュレーションの変遷

埴原のシミュレーション以降、九州北部の研究者による人口増加シミュレーションが盛んにおこなわれている。最初は前期末までの期間が一二〇〇年という弥生短期編年に基づき、かつ少数の渡来人しか来ていないという前提でおこなわれたので、一％を超える高い人口増加率を想定していた。しかし前期末までの期間が六〇〇年という弥生長期編年に基づけば人口増加率は低くてもよくなり、かつ、少数の渡来人しか来ていなくても在来（縄文）系弥生人よりも高い人口増加率の水田稲作民であれば、在来（縄文）系弥生人の総数を超えることができる、というふうに変わっていったのである。

二段階渡来説

これまで述べてきたシミュレーションは、韓半島南部からの渡来の回数は、弥生開始期に一回だけと仮定したものだが、考古学的には弥生前期末にも燕系の鋳造鉄器を使用する人びとや韓半島の青銅器工人の渡来が想定されているため、二回の可能性もある。

水田稲作の発展による前期末における可耕地開発の激化とそれに付随する土地や水資源の争奪は、九州北部内の内的な人口増加だけでなく、韓半島南部からの移住者も加えた人口増大と緊張の激化が要因だった可能性すら想定される。

DNA分析

遺伝子を使った研究の登場

一九七〇年代の終わりにはタンパク質の多型を使った二重構造モデル関連の研究がはじまる。後述するような現在の核ゲノムのSNP（スニップ）を使った主成分分析の先駆けともいえるもので、タンパク質八種類の遺伝子頻度データを用いた尾本恵一の、ヤポネシアの七集団の遺伝距離を推定した研究である（尾本「日本人の遺伝的多型」『人類学講座―日本人Ⅱ―』雄山閣、一九七八）。また尾本と斎藤成也が血液型や血液中のタンパク質二〇数種類のアミノ酸配列データを統合して解析し、遺伝距離から近隣結合法で作成した系統樹などをあげることができる。

そして二一世紀にヒトゲノムのほぼすべての塩基配列が決定されたことによって、膨大なDNAデータを多数の集団で比較できるようになり、後述する主成分分析が可能となったのである。

ＤＮＡとはなにか

ＤＮＡに似た用語に遺伝子やゲノムがある。これらは何が違うのか、まずは説明しておこう。

篠田の説明によると、ＤＮＡとは化学物質（アデニン・グアニン・シトシン・チミンという四つの塩基からなり、ＡＧＣＴのように文字のように連なっている）で構成される二重螺旋構造を作る。正式な名称はデオキシ核酸である。遺伝子とはアミノ酸が連なってできるタンパク質を作る情報で、ＤＮＡの配列がその順を決めている。つまり塩基の並びはタンパク質の種類を規定する。そしてゲノムとはある生物がもっている遺伝子の総体を指す。ヒトは約二万二〇〇〇の遺伝子からなる。実際はヒトのもつＤＮＡのうちで遺伝子として働く部分は二％にも満たないが、すべてのＤＮＡ配列をあわせてゲノムと呼ぶ場合もある。

ＤＮＡはミトコンドリアと核にあるので、ミトコンドリアＤＮＡや核ゲノムとよんで区別しているそうだ。ミトコンドリアＤＮＡはおよそ一万六五〇〇、核ゲノムは三二億の塩基の連なりからなる。ではミトコンドリアＤＮＡ分析と核ゲノム分析によって何がわかるのであろうか。

ミトコンドリアDNA分析

ミトコンドリアDNAは、核のDNAに比べると塩基の連なりが圧倒的に少ないので解析が容易で、しかも高い頻度で突然変異を起こすので、アフリカで誕生した現生人類（ホモサピエンス）のミトコンドリアDNAは世界に拡散する過程で多くの突然変異を起こした結果、さまざまな系統が存在するという。それぞれの系統をハプログループといい、ハプログループの分布や系統関係を調べることによって、現生人類の移動ルートや集団同士の関係、特定集団の成立などを知ることができるそうだ。ただ、祖母から母へ、母から娘、すなわち母系にしか受け継がれないので、息子だけだと途絶えてしまうという。

日本で最初にミトコンドリアDNAを用いて移住・混血説を支持したのは宝来聡である。宝来は一九八〇年代に、アイヌ、本土日本人、琉球人、韓国人、中国人のミトコンドリアDNAの塩基配列を比較した。その結果、本土日本人の遺伝子プールの大部分は、弥生時代以降に大陸からもたらされたものであるとして、金関の移住・混血説を支持した。さらに縄文人と中世アイヌ人のミトコンドリアDNAが非常によく似ていることも示唆している（宝来『DNA人類進化学』岩波書店、一九九七）。

現在、ミトコンドリアDNAのハプログループを使って推定されている日本列島へのホモサピエンスの移動は次のように考えられている。七～六万年前にアフリカを出たホモサ

図13　ミトコンドリアDNAの流入（篠田2019）

ピエンスが東南アジアに到達するのは五～四万年前、縄文人のもつハプログループの祖先型が誕生するのが三～二万年前である。したがって日本列島でもっとも古い約三万七〇〇〇年前の後期旧石器時代人は縄文人とはつながっていない可能性があるということになる。

篠田によれば、現代日本人は東南アジアから東アジアに起源するほとんどのハプログループをもっているそうだが、そのなかでも縄文人までさかのぼることができるハプログループがM7aとN9bである。この二つは韓半島や沿海州の集団にもごくわずか見られるそうだが日本列島にほぼ限定されるようで、おそらく三～二万年前には日本列島に到達していたと考えられている（図13：篠田『新版日本人になった祖先たち—DNAが解明する多元的構造—』NHK出版、二〇一九：図6—6より）。

縄文人のミトコンドリアDNA

現在まで縄文人約一五〇人のミトコンドリアDNA分析がおこなわれている。M7aとN9bという二つのハプログループが多数を占めていることは述べたが、地域ごとにこの二者の比率に違いがあることが明らかになっている。

琉球列島を含む西日本ではM７ａが卓越するのに対して、北海道と東北ではN９ｂが多数を占めるという。つまり縄文人は西日本と北日本では大勢を占めるミトコンドリアDNAが異なるということだ。縄文人はミトコンドリアDNAでみても均質ではなかったのである。

さらに興味深いのが現代日本人に引き継がれている縄文人のミトコンドリアDNAについてである。現代日本人が受け継いでいる縄文系のミトコンドリアDNAのなかで、もっとも多いのがM７ａで約七％というから、西日本の縄文女性のミトコンドリアDNAを受け継いでいることになる（図14：篠田前掲書）。ちなみに東北・北海道に多く見られるN９ｂは現代日本人に二％しか受け継がれていない。したがって両者を併せると現代日本人の一〇％程度を占めていることになる。

これはすなわち、水田稲作の開始期以降に男性の渡来系弥生人が混血した相手は、M７ａをもつ在来（縄文）系弥生人の女性が多かったことになり、しかもその場所は西日本であった可能性が考えられるということであろうか。また逆に東北や北海道において、渡来系弥生人の男性と在来（縄文）系弥生人の女性との間には、西日本ほど混血が起きなかっ

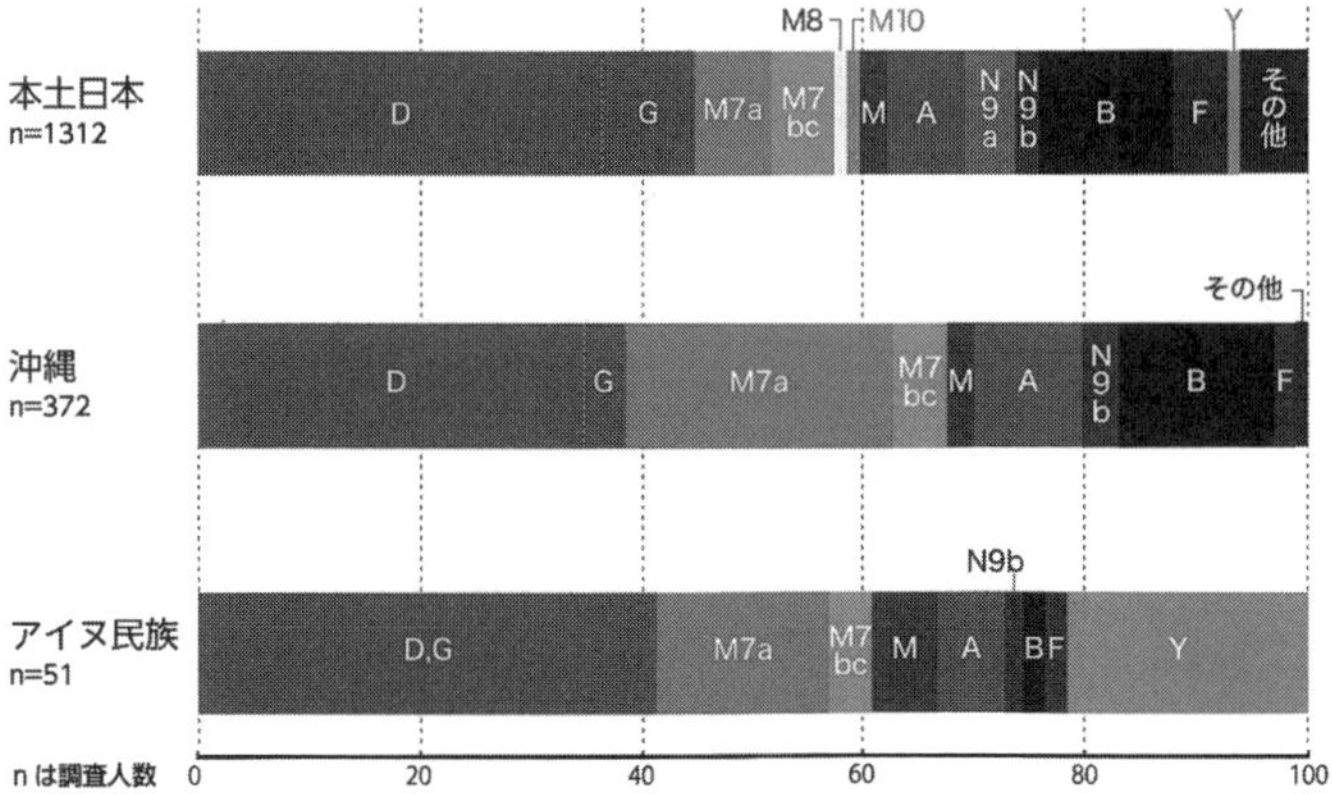

図14　現代日本人のミトコンドリアDNAハプログループ（篠田2019）

たことになるのであろうか。この地域にはもともと男の渡来系弥生人が少なかった可能性がある。

私たちは一般に縄文人を祖先にもつという言い方をすることがあるが、正確にはミトコンドリアDNAは西日本の在来（縄文）系弥生人の女性からもっとも多くを受け継いでいる、ということになる。

一方、現代日本人が九割近く持っている弥生人由来以外のミトコンドリアDNAのうち、もっとも多い最大のハプログループは渡来系のDで、アジアの地域集団のなかでも高い占有率を占める。なかでも現代日本人の三人に一人がもっているのがD4で、二万八〇〇〇年前から二万四〇〇〇年前に誕生したハプログループとのことである。つまり最終氷期最寒冷期以前に成立していたことになるので、先述した新モンゴロイドが寒冷地適応を受けていないという近年の研究動向とも一致している。

日本人とY染色体DNA

篠田によれば、現代日本人の男性は他の地域にはみられない日本列島独自のグループであるY染色体DNA（ハプログループD、ミトコンドリアDNAのハプログループとは別だが名称が同じなので混同しやすい）を三割程度の割合でもっているので、弥生時代以降でも在来（縄文）系弥生人の男性がもっていた遺伝的な特徴が消されてしまうことはなかったという。

つまり弥生時代になっても在来（縄文）系弥生人の男性は根絶やしにされることはなく、しっかりと生き残っていた。西日本の縄文女性のミトコンドリアDNAが現代日本人により多く継承されていることを考えると、渡来人は男女とも存在し、それぞれ在来（縄文）系弥生人の男性・女性と混血していることを意味しているのであろうか。また、縄文系のY染色体ハプログループの割合が、ミトコンドリアDNAに比べて高い理由は、今のところわかっていないそうだ。

核ゲノム分析

核ゲノム分析は集団比較に効力を発揮するそうで、その際、使われるのが一塩基多型（SNP＝スニップ）とよばれている、核ゲノムのDNA配列のなかにある一つの塩基の違いである。現在の核ゲノム分析の主流になっているのがこのＳＮＰ解析で、これを調べる技術が二一世紀になって開発されている。

核ゲノムは両親から子供へと受け継がれるので、ミトコンドリアＤＮＡ分析とは違って、母だけでなく父も含めた両方の情報を知ることができる。ただ現状では重要な塩基の変異を見逃す可能性があるので、将来的には全ゲノム解析が主流になるらしいが、全ゲノム解析はまだ費用が高く解析に長い時間がかかるので今はハードルが高いそうだ。

ＳＮＰは一〇〇〇塩基に一ヵ所程度、存在すると推定されていて、ゲノム全体では数百万以上のＳＮＰが存在するため、これを目印に各方面で研究が進められている。特定の病気に関係するＳＮＰ、身長や目の色などの形質に関係するＳＮＰなどを捜すことが可能なのことである。古人類の研究には、後述するように東アジアの現代集団の近縁関係を示す主成分分析図を使って、渡来系弥生人の成立仮説などを考えることができる（一一五頁、図22）。

核ゲノム分析からみる後期旧石器時代人の到達

先述した三〜二万年前に日本列島に到達していた人びとを含む後期旧石器時代人のことを篠田は「古代東アジア沿岸集団」と名づけた。図15は、篠田が作った後期旧石器時代人が日本列島へ入ってくる移動ルートである（篠田二〇二一、図6―2）。全部で三つ想定されている。

1は、四万年以前の移動ルートで、東南アジアから東アジアの沿岸を北上したグループ

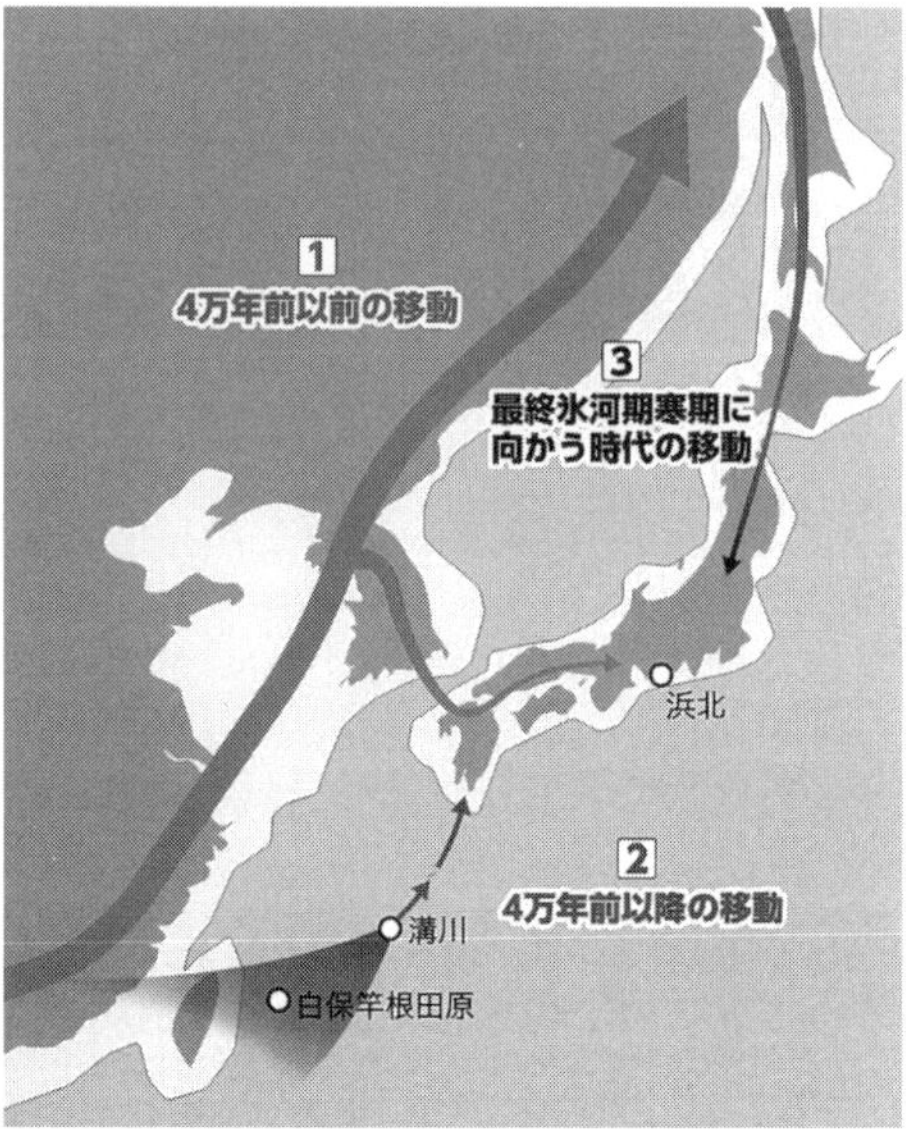

図15　後期旧石器時代人の日本列島（篠田2021）

である。これが途中で分岐し韓半島経由で九州島にはいったのが、尖頭器を特徴とする石器群を使用するグループの可能性がある。

２は、沖縄経由で島伝いに北上して九州島に入ったと想定されているグループであるが、実際には琉球列島まで到達したことが人骨からわかっている。二重構造モデルではこのルートの存在をもって縄文人の南方起源を唱えていた。沖縄では定型化した石器が見つかっていないのが特徴で、九州島南部へ到達したのかどうかもわかっていない。

３は、最終氷期最寒冷期にシベリア、サハリン経由で北海道に南下したグループで、ナイフ形石器を特徴とする石器群を使用する。マンモスなどの大型動物を追ってきたのであろうか。

篠田が設定した古代東アジア沿岸集団とは、主にⅠから枝分かれして韓半島経由で九州島に入ったグループを指している。したがって、九州島に入ったグループと韓半島にのこったグループは、もとは同じ古代東アジア沿岸集団に属したと考えられるが、現状では同じ末裔である縄文時代人と韓半島新石器時代人の違いを核ゲノムで区別するのは難しいという。新石器時代の韓半島に縄文人が多数、暮らしていたという誤った解釈をしないように注意が必要である。

図16　核ゲノムから復元された船泊人（国立科学博物館提供）

全ゲノム解析
—船泊遺跡の熟年女性—

科博の神澤秀明を代表とする研究グループは、北海道礼文島の船泊《ふなどまり》遺跡で出土した縄文後期の熟年女性の核ゲノム解析を現代人と同じ精度でおこなうことに成功した。その結果、A型の血液をもち、巻き毛の細い毛髪に、シミができやすく肌の色が濃い顔に、茶色の虹彩をもつ、背の低い女性を復元した

(図16)。また海獣などの脂肪分に富んだ食料を食糧にしていた集団に有意な特徴である、脂肪の代謝に関係する遺伝子異常をもっていたこともわかった。この特徴は北極圏のエスキモーなどに高頻度でみられるものなので、現代日本人には受け継がれていない。

また一緒に見つかった男性のY染色体のハプログループは、韓半島や中国には少なくて現代日本人の三割がもつものであったが、現代日本人の男性に多いD1bではなくD1b1だったそうだ。

以上のように核ゲノムをとおしてみえてきた船泊縄文人の姿は、礼文島という地理的・気候的な位置もあって、落葉樹林帯の森林性食料をメジャーフードとする東日本縄文人とは遠く離れた様相をみせた。

しかし船泊人がもっていた装飾品は、沖縄を含む列島各地との密接な関係をうかがわせるものばかりであった。沖縄近海で採れるイモガイで作られた首飾りや、新潟県糸魚川産のヒスイで作られたアクセサリーなどの存在は、南北三〇〇〇キロにわたる日本列島全体の縄文人との直接・間接の交流を物語っている。

DNA分析がおこなわれた縄文人約一五〇人のほとんどは、東日本の貝塚から出土した人骨であったにもかかわらず、西日本の縄文女性のミトコンドリアDNAと現代日本人との結びつきの強さを示していた。あとは、もっとも個体数が多い関東地方の貝塚出土の縄文人の全ゲノム解析を期待したい。

では次節で、渡来系弥生人、西北九州弥生人、在来（縄文）系弥生人のＤＮＡ分析結果についてみてみよう。

ゲノム解析が語る多様な弥生時代人

渡来系弥生人の核ゲノム分析

ヤポネシアゲノムプロジェクトでは、前六世紀の愛知県朝日遺跡、前一世紀の福岡県安徳台遺跡、二世紀の鳥取県青谷上寺地遺跡で見つかった渡来系弥生人のＤＮＡ分析をおこなった。

二〇〇五年の段階で渡来系弥生人のミトコンドリアＤＮＡには、韓半島と中国東北部の現代人と共通するＤＮＡ配列が多くみられることと、これらが弥生時代になって九州北部にはいってきていたことが確認されていた。調査順にみていこう。

福岡県安徳台遺跡（前一世紀）

篠田は、まず福岡県那珂川市安徳台遺跡から出土した前一世紀後半の渡来系弥生人の核ゲノム分析をおこなった（図17）。成年後半〜熟年の女性で、弥生時代が始まってから約九〇〇年後の立岩式古段階と考

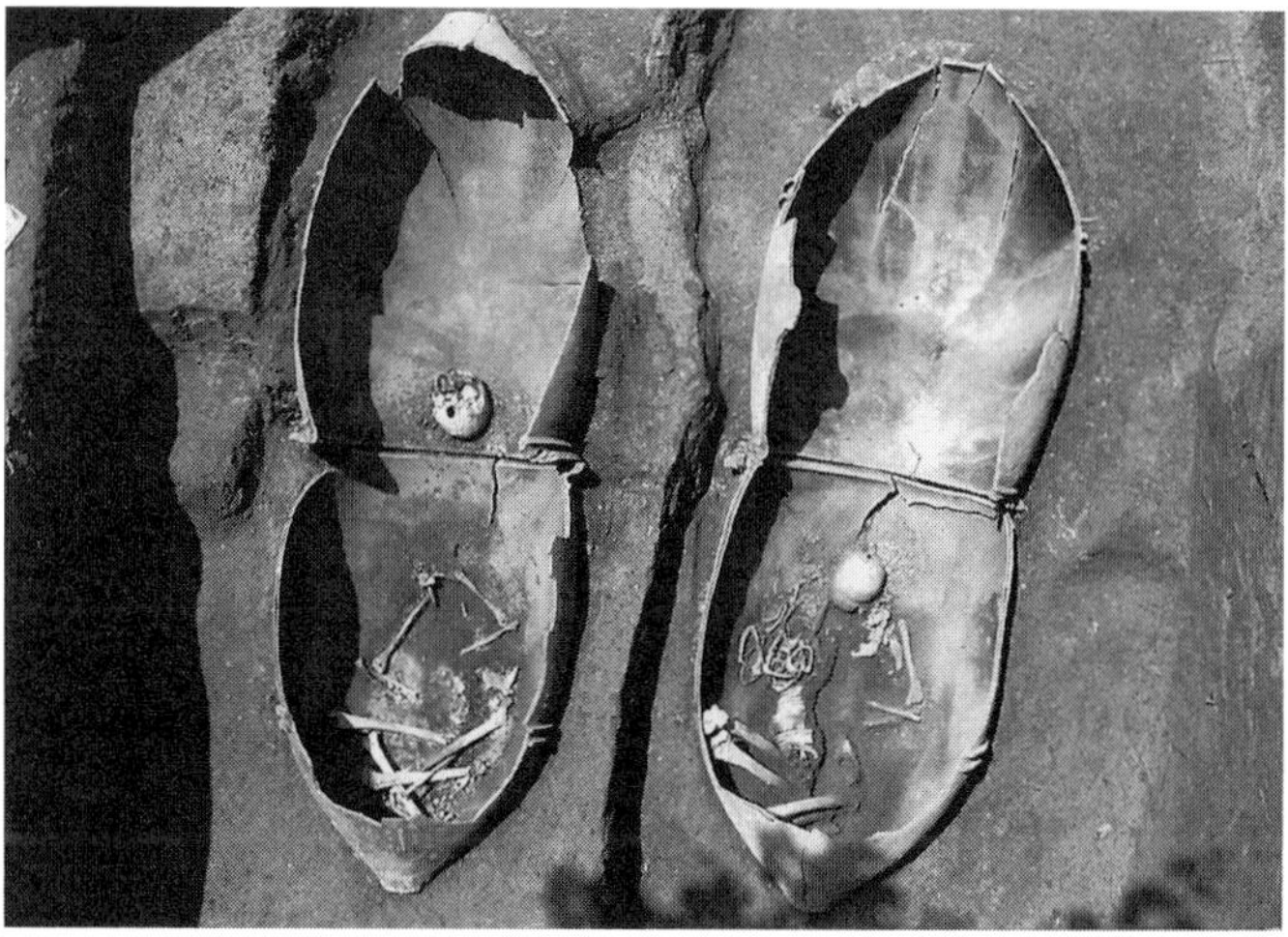

図17　福岡県安徳台遺跡出土２号・５号甕棺（那珂川市教育委員会提供）
左が５号甕棺

えられている五号甕棺（橋口編年のKⅢb式）に葬られていた。この甕棺の横には同じ時期に属する二号甕棺に成人男性が葬られていたが、腕にゴホウラ製の貝輪を二五個はめ、鉄剣と鉄戈が一本ずつ副葬されていたので、五号甕棺に葬られた女性は首長クラスの男性と何らかの関係があることが予想された。

篠田は当初、現代韓国人や中国人に近い核ゲノムであろうと予想していたが、結果はまったく異なっていた。現代日本人の範疇にはおさまるのだが、在来（縄文）系弥生人との混血も進んでいたために、現代日本人のなかでもより縄文時代人に近い特徴を示していたのである。

そこで篠田は、水田稲作が始まってから九〇〇年もたつと、渡来系弥生人と在来（縄文）系弥生人との混血がかなり進んでいたために、より縄文人に近い特徴を示したのであろうと考えた。しかも彼女がもっている縄文人由来の核ゲノムの割合は、現代日本人がもっている平均的な割合である一二％よりも多いために、彼女を起点に現代日本人が成立するためには、前一世紀後半以降にさらに中国北部などの大陸由来の人びとの核ゲノムを多く受け継がない限り難しいと考えたのである。

考古学的には五世紀後半に滅亡した加耶から逃れてきたと考えられている人びとをはじめとして、古代以降の渡来人も想定にはいってくるが、これらの人たちのなかに中国北部系の核ゲノムをもつ人びとが含まれている必要がある。

鳥取県青谷上寺地遺跡（二世紀）

総数で一〇九体の人骨が出土し、三二個体分の頭骨の内訳は男性一七、女性一五であった。男女とも壮年が目立つが全体的に女性の方が若い傾向がある。濵田竜彦は、骨は地表に露出していたのではなく、個体のまとまりを失った状態でレンズ状に埋没していたと考えている（図18）。おそらく、別の場所ですでにバラバラになっていた骨を運んできて、環壕のなかに放棄してすぐに土をかけたのであろう。動物や鳥によってつつかれたりかじられたりした痕のある骨が認めら

図18　青谷上寺地遺跡（SD32）の人骨出土状況（鳥取県とっとり弥生の王国推進課提供）

れないからである。濵田は、人骨に伴った土器をもとに、人骨は二世紀第三四半期に放棄されたと考えている。

骨には焼かれた痕と武器によってつけられた傷痕のついたものが多く存在した。まず、総数二九個体中二七体が焼かれていたことがわかる。しかも体から頭部が離れた状態で六〇〇〜七〇〇度の低い温度で焼かれたときにみられるような痕が頭頂部にみられた。つまり軟部組織がまだ残っている段階で頭を切り離したか、またはすでに離れていた頭部の頂部を低い温度で焼いた可能性がある。

次に武器による傷跡は、九〇年代に確認されていた創傷に加えて、あらたに頭骨に六例、うち四例に鋭利な利器が頭蓋に刺さったもの、他の二例には薄く細い刃によるひっかき傷が見つかった。

日本最古の脊椎カリエスの症例のある人骨でも知られていた青谷上寺地遺跡だが、新たに五例の結核症例が見つかった。縄文時代に比べると密な状態でくらしが営まれていた環壕集落における結核罹患率の高さを物語っている。現状、最古の結核患者たちである。

人骨のDNA分析

篠田と神澤は青谷上寺地遺跡の一〇九体のうち三二個体の頭骨から、コラーゲンの遺りがよい歯と側頭骨をサンプリングし、ミトコンドリアDNA分析と核ゲノム分析をおこなった。

ミトコンドリアDNA分析では二九系統のハプログループを確認するとともに、核ゲノム分析の結果、一二個体の遺伝的変異は現代日本人の範疇に広く分散していることを確認している。通常、古代社会の集落は血縁関係が強い場合が多く、ミトコンドリアDNAのハプログループは少数のタイプに収斂することが多い。弥生時代の水田稲作民も情況は同じだと考えられる。しかし、本遺跡の場合は完全に一致する個体は二組しかなかった。つまりいくつかの血縁集団が集まった水田稲作民のむらというよりも、むしろ外部から多くの人が流入する都市部の集団にみられるようなミトコンドリアDNAの傾向をみせるというのである。筆者は篠田の次の一言が今でも耳に残っている。「まるで中世鎌倉の由比ヶ浜から見つかった骨のDNAを分析しているようだ」と。

次に核ゲノムは三二個体中一二個体から得ることができ、二世紀後半の弥生人一二個体すべての変異が現代日本人の範疇内におさまるとともに、範疇内に広く分散することがわかった。したがって、安徳台五号甕棺出土人骨のように渡来系弥生人でありながらも在来（縄文）系弥生人由来の核ゲノムが強くみられる人もいれば、あまりみられない人、また後述するように西北九州弥生人のように在来（縄文）系弥生人由来の核ゲノムの割合が高い人はいないということである。

つぎに男女別に詳しくみてみると、渡来系弥生人由来の核ゲノムは母系に遺伝するミトコンドリアDNAに多くみられるのに対し、父系に受け継がれるY染色体は在来（縄文）系弥生人に由来するものが多いというのである。篠田によれば、こういう現象は在来（縄文）系弥生人の男性と渡来系弥生人の女性との婚姻が割と規則的におこなわれていた場合にみられるはずだという。

男性の象徴とされる石棒が水田稲作開始期の近畿や四国東部でみられるのも、在来（縄文）系弥生人の男性と渡来系弥生人の女性との婚姻結果にみられるというY染色体の事情が背景にあるのかも知れないので、きわめて興味深い。

すなわち、青谷上寺地遺跡には渡来系の女性が多く流入しては離散を繰り返すものの、

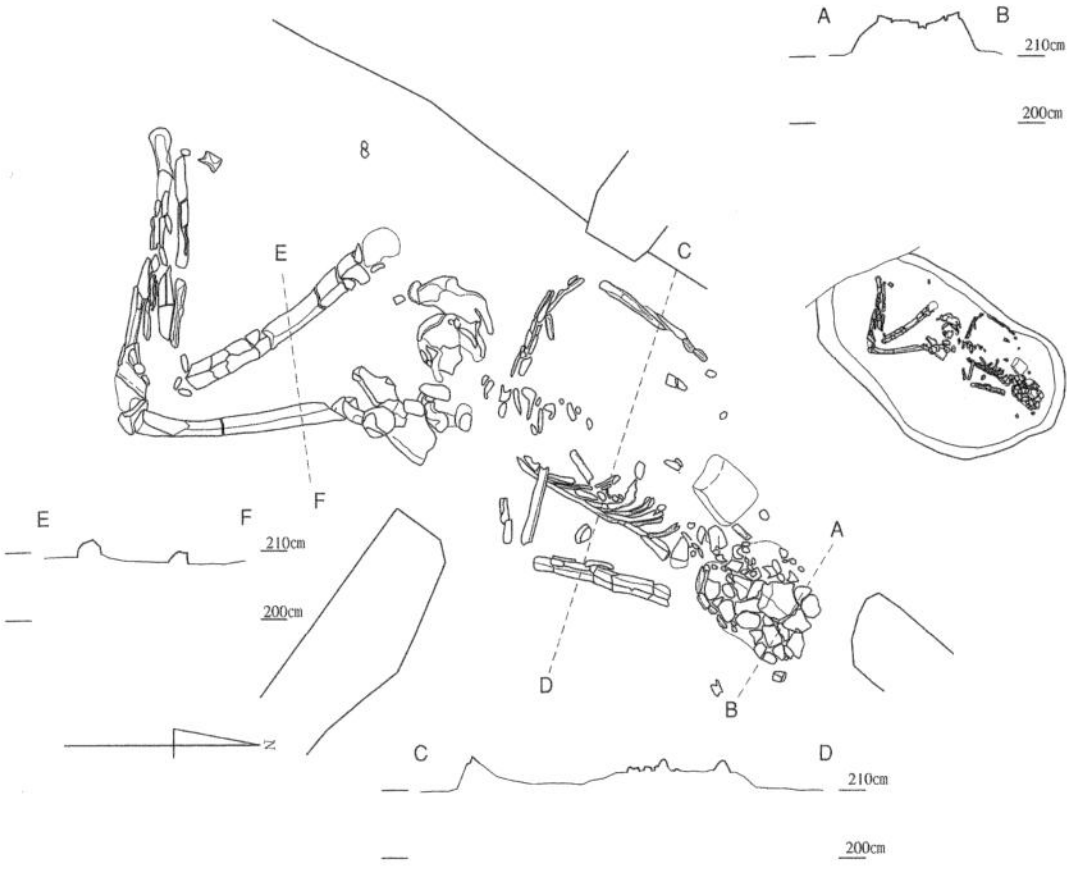

図19　愛知県朝日遺跡出土の13号人骨（左）と土壙（右）

婚姻は在来（縄文）系弥生人の男性とのあいだで規則的におこなわれたこと。武器による傷跡をもっていたのは互いにほとんど血縁関係のない他人同士であったこと。しかも全体的に結核にかかっている人が多い傾向がみられること、などが明らかになったのである。

愛知県朝日遺跡（前六世紀）のDNA分析

現状で核ゲノムがわかっているもっとも古い渡来系弥生人で、前六世紀後半（I期中段階）に比定される男女二体である。このうち、一三号人骨とよばれる二〇代前半の男性は身長が一六〇センチで背が高い（図19）。

ミトコンドリアDNA分析の結果は、男女とも縄文人がもっていないハプログループであった。篠田によれば、このハプログループは現在でも中部地方で若干高い比率をみせるというから、高い傾向は弥生時代以降、二四〇〇年も続いているといえるそうだ。

核ゲノム分析の結果は、在来（縄文）系弥生人とはほとんど混血した痕跡がみられず、渡来系弥生人のなかでは現代の中国北部の人びとがもつ核ゲノムにもっとも近かった。篠田によれば、混血した痕跡がほとんど認められないという結果は、水田稲作の東方拡散のあり方を解く鍵を握っているという。

朝日一三号人骨を分析するまで篠田たちが予想していた、九州北部を起点に渡来系弥生人が水田稲作を東方へ拡散していく過程は、こうである。九州北部を出た渡来系弥生人は、中国地方の各地で在来（縄文）系弥生人と混血を重ねながら、その子孫が東へと広がっていったため、在来（縄文）系弥生人由来の核ゲノムの割合は東の渡来系弥生人ほど比較的高くなる可能性があると。ところが結果は正反対だった。朝日一三号人骨には在来（縄文）系弥生人と混血した痕跡はほとんどみられなかったのである。

弥生前期の渡来系弥生人のDNA分析はまだ二体しかおこなっていないが、もし朝日の人骨にみた分析結果が一般的な傾向だったとしたら、一体、何を意味しているのであろうか。

篠田からこの話を聴いたとき私はそれほど疑問には感じなかった。考古学的に思い当たることがあったからである。実は九州や名古屋の研究者は、渡来人や渡来系の人びとが在来（縄文）系弥生人と混血するのは水田稲作の開始期ではなく、しばらくたってからではないかと考えていたからである。その根拠は土器である。

水田稲作の東方拡散と核ゲノムとの関係

九州北部を出た水田稲作が西日本に広がり始めるのはⅠ期古段階（弥生前期中ごろ）であるが、そのころ各地で使われていた土器のなかでも煮炊き用の甕形土器をみると、地域ごとにメインとなる甕の系統が異なっていたことが知られている（藤尾「水稲農耕開始期の地域性」『考古学研究』三八―二、一九九一）。代表的なのは、先述した新しく創造された板付Ⅰ式とその系統を引く遠賀川系土器の甕が九五％以上を占める地域（玄界灘沿岸地域、瀬戸内海沿岸、近畿）と、反対に弥生早期に由来する突帯文系や条痕文系土器の甕が九五％以上を占める地域（有明海沿岸、鳥取平野、伊勢湾沿岸地域）である。伊勢湾沿岸地域ではこうした状態が基本的に前六世紀後半いっぱい（Ⅰ期古段階いっぱい）まで五〇年あまり続く。

前五世紀（Ⅰ期中段階後半）になると、前代に比率が低かった在来系統の甕の割合が少しずつ増えたり折衷土器が増えたりしてくる。折衷土器とは器形や文様に、その地域では前代にマイナーだった別系統の甕の特徴を取りこんだ土器のことである。つまり、考古学では各地で水田稲作が始まってから一五〇年ぐらいしてからようやくみられるようになる折衷土器や、他系統の甕の比率が増えてくる現象を混血の結果の一つであると考えていたのである。したがって朝日遺跡一三号人骨の核ゲノムは、混血が始まる以前の渡来系弥生人の特徴と理解すればよいのではないかと考えたのである。

朝日遺跡、安徳台遺跡、青谷上寺地遺跡で見つかった渡来系弥生人からいえるのは、水田稲作開始期には、在来（縄文）系弥生人との混血がみられない渡来人の直系の子孫が存在すること、前一世紀後半には在来（縄文）系弥生人との混血度が高い渡来系弥生人が存在すること、二世紀には朝日や安徳台でみた多様な渡来系弥生人が存在することと、それらはすべて現代日本人の範疇に入っていることである。つまり現代日本人がもつ多様な核ゲノムはおよそ一八〇〇年前にはすでに成立していたのである。

一遺跡で三二個体ものＤＮＡ分析をおこなった結果、二世紀には核ゲノムがすでに都市的な構成からなる遺跡が存在していたこともわかった。ではつぎに、西北九州弥生人のＤＮＡについてみてみよう。

図20　長崎県佐世保市下本山岩陰遺跡石棺墓（佐世保市教育委員会提供）

西北九州弥生人の核ゲノム分析

長崎県佐世保市に所在する紀元前後の下本山《しももとやま》岩陰遺跡で検出された石棺墓に、男女二体が頭位を違えた状態で合葬されていた（図20）。形質人類学的調査をおこなった海部陽介は、二体とも在来（縄文）系弥生人に共通するものの、男性の顔にはやや渡来系弥生人に近い特徴をみることができると報告している（海部陽介・坂上和弘・河野礼子ほか「下本山岩陰遺跡（長崎県佐世保市）出土の縄文時代前期・弥生時代人骨」『*Anthropology Science* (*Japanese Series*)』Vol.125, 2017）。

ミトコンドリアDNA分析の結果、女性は西日本縄文人の特徴であるM７a、男性は渡来系の特徴であるD４aであることがわかった。さらに核ゲノム分析の結果、男女とも在来（縄文）系弥生人と渡来系弥生人との中間に位置することが判明したのである（篠田・神澤・角田恒雄・安達登「西北九州弥生人の遺伝的な特徴・佐世保市下本山岩陰遺跡出土人骨の核ゲノム解

析」『*Anthropology Science* (*Japanese Series*)』Vol.127)。

このことから西北九州弥生人のなかには形質的には縄文系に近くても、核ゲノムをみれば渡来系弥生人と混血していた人もいることなど、非常に多様であることがわかった。形質的にみた西北九州弥生人には、在来（縄文）系弥生人そのものの核ゲノムをもっている人から、在来（縄文）系弥生人と渡来系弥生人が混血した人までいたのである。ではつぎに在来（縄文）系弥生人のDNA分析についてみてみよう。

在来(縄文)系弥生人のDNA分析

玄界灘に面した佐賀県唐津市大友遺跡（前八〇〇年頃）は、支石墓から多くの人骨が出土したことで有名な弥生早期〜古墳初期までつづく墓地遺跡である。韓半島起源の支石墓には渡来人が葬られているのではないかと昔からいわれていたが、中橋孝博がおこなった弥生早期後半に比定される八号支石墓人骨の形質人類学的調査では、在来（縄文）系弥生人の特徴をもつ西北九州弥生人であることが明らかにされていた（図21）。

八号支石墓出土人骨をDNA分析した結果、ミトコンドリアDNAは西日本の縄文人に多いM7a、核ゲノム分析の結果も縄文人そのものであった。その結果、前八〇〇年ごろに韓半島南部で流行っていた支石墓に葬られた、縄文人と同じ核ゲノムをもつ熟年女性であり、渡来系弥生人とはまったく混血していないことがわかった。

DNA分析は一体しかおこなっていないが、今後、時期ごとに分析していけば、大友遺跡で渡来系弥生人との混血がいつごろ始まるのかを明らかにできるだろう。

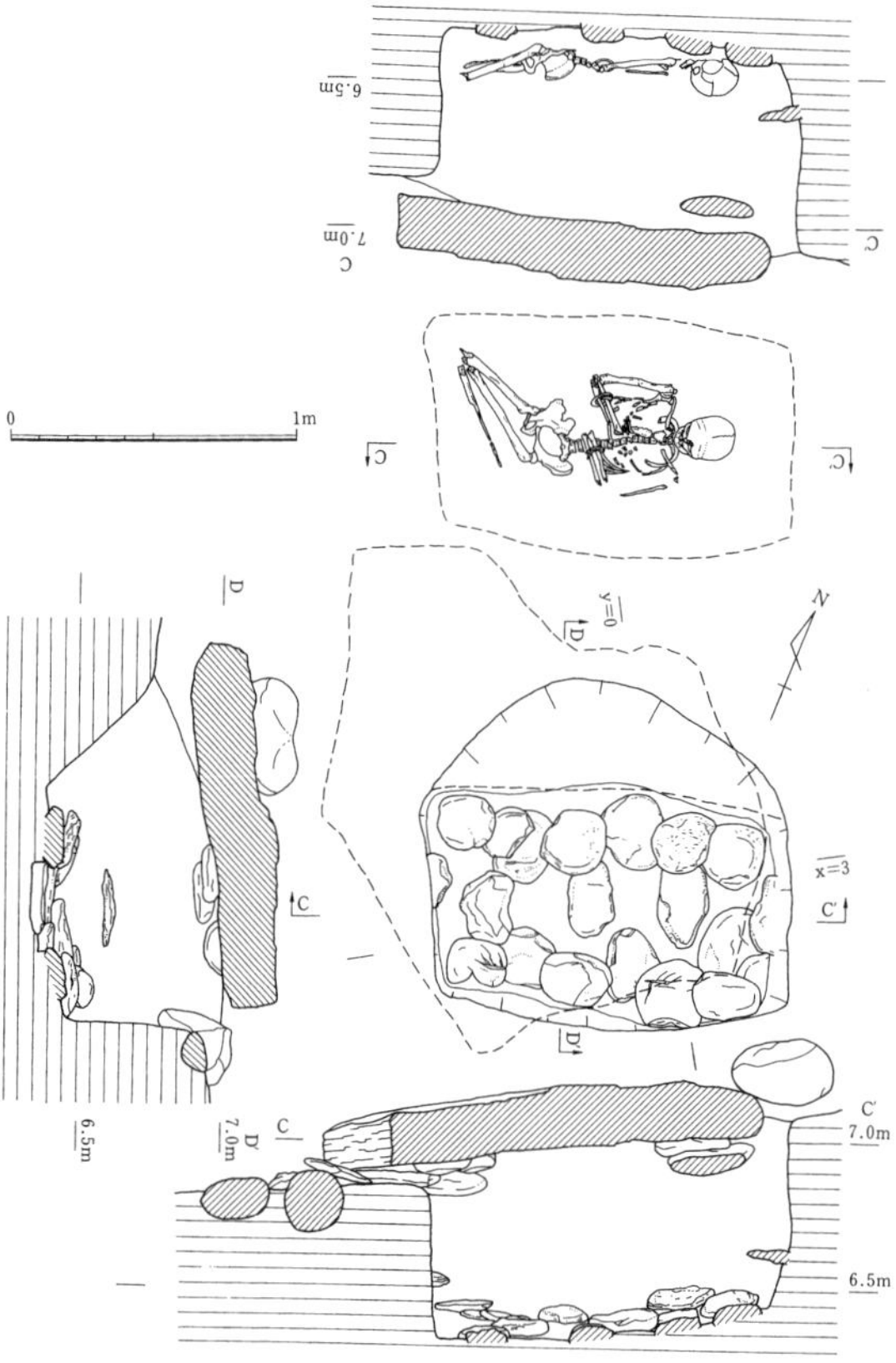

図21　佐賀県唐津市大友遺跡８号支石墓と人骨の出土状況（上）と支石墓の下部構造（下）（宮本編2001，図31より）

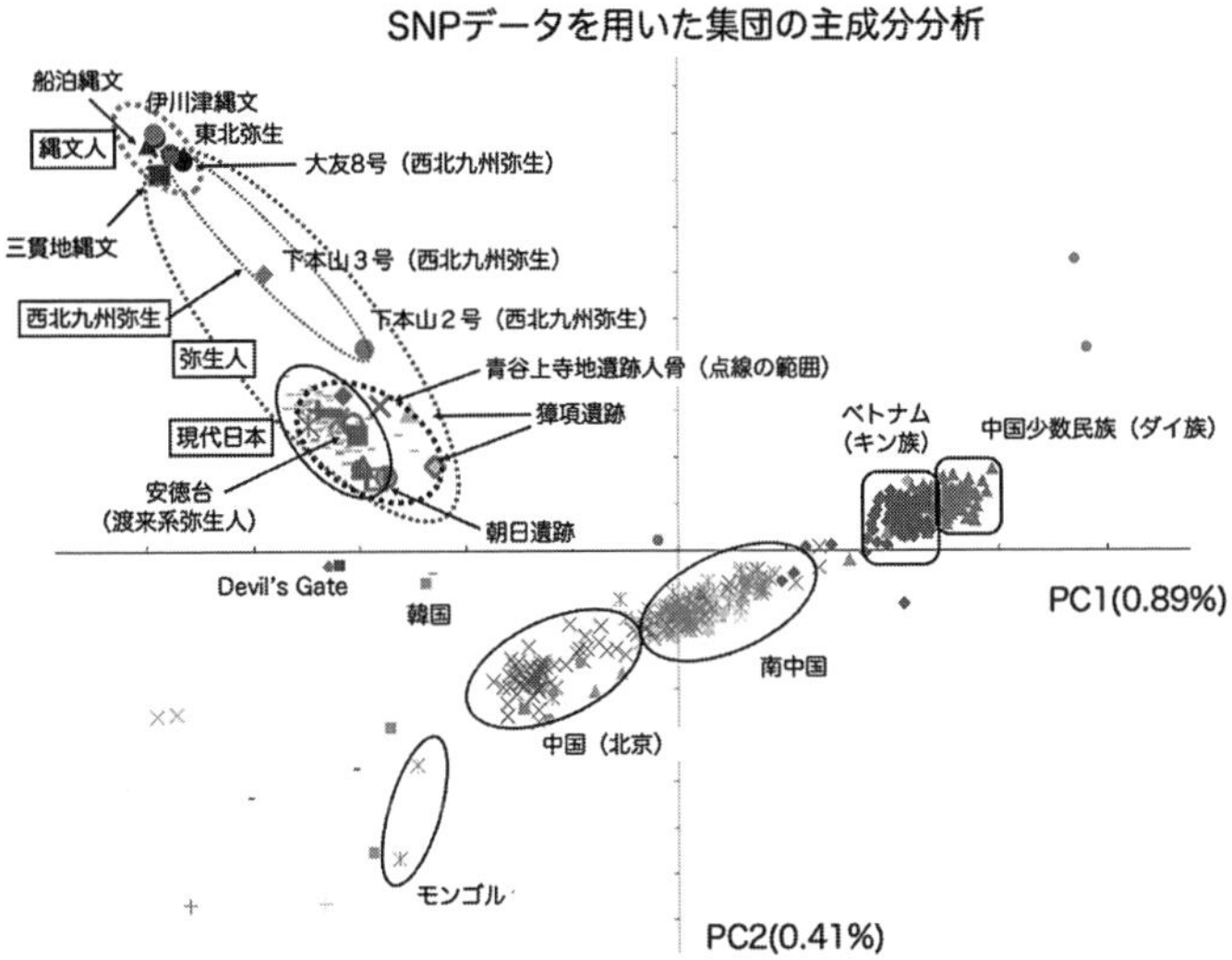

図22　核ゲノムのSNPを用いた主成分分析図（篠田氏提供）

東アジアの現代人と先史時代人

図22は、神澤と篠田が核ゲノムの有する膨大なSNP（スニップ）情報を主成分分析図で可視化したもので、集団の関係を大まかに知ることができる。図中の一点一点が一人の個人がもつ遺伝的な特徴を表しており、同じ民族集団に属する個体同士はお互いに近接している。

図の左下から右斜め上に向かって分布するのが、モンゴルから中国、ベトナムに至るユーラシア大陸東部を南に延びる現代人の集団で、実線で囲まれた範囲が一つの民族集団であることを示している。

この反対側、すなわち左上にあって、ユーラシア大陸東部の現代人からもっともかけ離れているのが古代東アジア沿岸集団系の縄文人である。破線で囲まれた範囲は、核ゲノム分析によって明らかになった先史・古代人の集団の単位を表す。

縄文人とユーラシア大陸東部の現代人との中間に位置するのが現代日本人、数は少ないが現代日本人とユーラシア大陸東部の現代人との中間に位置するのが現代韓国人である。同じ現代人でも日本人と韓国人が縄文人とアジアの現代人の中間に位置するのは、縄文人や韓半島新石器時代人の祖先である古代東アジア沿岸集団の方へ引っ張られていることを意味している。

そして現代日本人の範疇に大きく重なりながらY軸方向に範疇が広いのが、図中に弥生人と書いてある弥生時代人のまとまりである。現代日本人の範疇にほぼ重なっているのが渡来系弥生人、縄文人と渡来系弥生人との中間にいて、かつ縄文人の範疇も含む大友八号や東北弥生（アバグチ洞窟）のような在来（縄文）系弥生人までを含んでいるのが西北九州弥生人である。

したがって弥生時代人は、在来（縄文）系弥生人〜西北九州弥生人〜渡来系弥生人という多様な核ゲノムの人びとから構成されていることがわかる。縄文人が非常に狭い範疇に限定されているのと比べれば大きな違いである。では順にみていくことにする。

在来（縄文）系弥生人

核ゲノムが確認されているのは、大友遺跡八号支石墓人骨と愛知県伊川津貝塚二号人骨の二例である（Takashi Gakuhari at. Et. al Ancient Jomon genome sequence analysis sheds light on migration patterns of early East Asian populations. *Communications Biology*, 2021）。いずれも前九〜前八世紀に属する弥生早期人である。なお、大友は形質的には西北九州弥生人でもある。

西北九州弥生人

在来（縄文）系弥生人、および在来（縄文）系弥生人と渡来系弥生人が混血してできるのが、いわゆる西北九州弥生人である。西北九州だけではなく水田稲作をおこなう地域の周辺にまで存在していた可能性があるので「西北九州」という呼び名を変える必要がある。

核ゲノムがわかっているもっとも古い例は、在来（縄文）系弥生人である大友を除けば、前三世紀ごろの熊本市笹尾遺跡の汲田式甕棺から見つかった男性である。またミトコンドリアＤＮＡがＭ７ａハプログループの弥生人である長井遺跡二九号人骨も、核ゲノムがこの範疇に入る可能性がある。

渡来系弥生人

篠田は、在来（縄文）系弥生人のゲノムの割合によって渡来系弥生人を少なくとも二種類にわけている。

まず、朝日遺跡一三号人骨のように在来（縄文）系弥生人とあまり混血していない渡来系弥生人で、主成分分析図上では渡来系弥生人のなかでもユーラシア大陸東部の現代人にもっとも近い所に位置する。まだ一例しか確認できていないが二重構造モデルでは想定していないタイプである。

次に安徳台遺跡五号甕棺出土人骨のように、在来（縄文）系弥生人との混血度が高い渡来系弥生人である。青谷上寺地遺跡などでも多く出土していて渡来系弥生人のなかでもっとも出土例が多い。

以上、在来（縄文）系弥生人、西北九州弥生人、渡来系弥生人の核ゲノム分析結果についてみてきた。つぎは渡来系弥生人のご先祖である渡来人についてみていくことにしよう。先に二重構造モデルについて説明したが、このモデルでは在来（縄文）系弥生人が縄文人とまったく異なる大陸北部のゲノムをもつ人びとと混血することによって渡来系弥生人が成立すると想定していたが、そう単純なことではなかったのである。

渡来系弥生人の源流——韓半島前期新石器時代人の核ゲノム

弥生人に類似する核ゲノムをもつ人びと

二〇一九年から二〇二一年にかけて、韓半島新石器時代人と三国時代人の核ゲノムが相次いで明らかになった。青銅器時代人の核ゲノムはなかったが、その内容に私たちは衝撃を受けたのである。西遼河《さいりようが》系新石器時代人、韓半島系新石器時代人の存在である。

西遼河系は二重構造モデルで想定されていた大陸北部の人びとにあたり、核ゲノムが一〇〇%、北方系の新石器時代人で、篠田は西遼河系とよぶ。つぎに西遼河系と縄文人に類似した核ゲノムをもつ韓半島在来の新石器時代人とが混血した人である。韓半島には、混血の割合が西遼河系メインで渡来系弥生人によく似ているものから、縄文類似の核ゲノムがメインのものまで存在していて、きわめて多様である。

これらの人骨は、韓国本土の沖合に浮かぶ島にある遺跡から出土したもので、海洋漁撈や潜水業を生業にしていることが考古学的に確認できる。これらの人びとは、中国系の玦状耳飾りや縄文系のイノシシ型土製品、佐賀県腰岳産の黒曜石、土偶などをもっていることから、多方面と交流していたことがわかる。

そのなかの一つ、釜山市加徳島の獐項《ジャンハン》遺跡は、今から六三〇〇年ほど前の前期新石器時代の遺跡で縄文前期に併行する。土坑一五〇基が検出され四八体の人骨が出土した。墓地には幼児から一〇代を除く青年期以降の各年齢段階の人びとが葬られており、男性の比率がやや高いという（韓国文化財研究院『釜山加徳島獐項遺跡』、古跡調査報告第三九冊、二〇一四）。

形質は長頭傾向があること、直線的ではない眉上隆起、頭部形態、大腿骨には柱状構造が認められない、など縄文人とは形質的に異なる（図23）。また人骨が見つかった土坑も、弥生時代の甕棺墓地に見られるような列状配置をみせるなど、縄文文化にはみられない構造である。出土した遺物のなかには佐賀県腰岳産の黒曜石が五〇〇点近く含まれているなど、西北九州との間で密な交流があったことをうかがわせている。

人骨中の炭素同位体比は、九州北部弥生時代の水田稲作民に比べて二〜三倍高い値を示すので、海洋資源に依存する食生活であったと考えられる。

以上の点から私たちは、縄文前期に併行する時期の韓半島南部には、すでに渡来系弥生人のような形質的な特徴をもつ高身長の人びとがいて、海洋漁撈に従事して西北九州と交流していたことを知ったのである。逆にいうと西北九州の縄文人が交流していた韓半島前期新石器時代の人びとのなかには、渡来系弥生人のような背格好をした人びとがいたということである。しかし外見は重大な事実のごく一部でしかなかったのである。

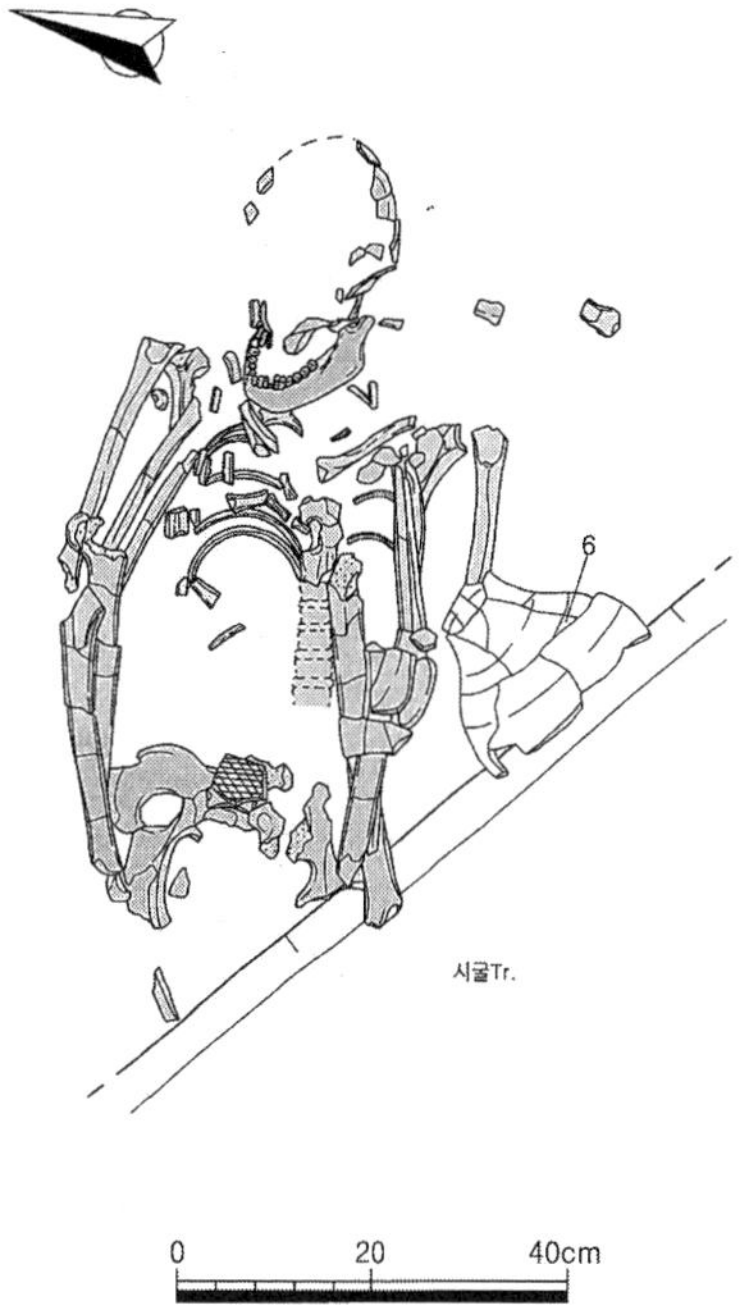

図23　釜山市獐項遺跡の２号人骨
（同報告書図17より）

獐項遺跡出土人骨のDNA分析

二号、八号人骨のミトコンドリアDNAはともに東アジア集団に普遍的なD4系統だった。日本列島では弥生時代になってはじめて出てくるハプログループで、先述した前一世紀後葉の安徳台五号甕棺に葬られていた壮年女性のミトコンドリアDNAと同じである。在来（縄文）系弥生人と中国北部系の人びとの核ゲノムをもつ安徳台五号人骨がもつ同じハプログループが、弥生時代が始まる三〇〇〇年以上前の韓半島南部で見つかることとはどういうことなのだろうか。私たちの疑問はさらに核ゲノム分析の結果で頂点に達した。

二号人骨（女性）は現代日本人に近接していて、現代韓国人とは大きくかけ離れていた。また八号人骨（男性）は、縄文人や韓半島新石器時代人の祖先である古代東アジア沿岸集団との遺伝的親和性が強いのに対し、二号にはそのような傾向はみられなかった。

すなわち八号は「弥生時代の暦」の章で説明した古代東アジア沿岸集団の核ゲノムを多くもっているのに対して、二号はあまりもたずにむしろ渡来系弥生人に近いことを意味している。これは縄文前期と同時期の韓半島南部で暮らしていた新石器時代人のなかには、渡来系弥生人に類似した核ゲノムをもつ人から、古代東アジア沿岸集団と遺伝的親和性が強い人まで、非常に多様な核ゲノムをもつ人びとがいた可能性のあることを示しているのである。

調査例はまだ少ないものの、韓半島南部の新石器時代人の核ゲノムはきわめて多様であったことが明らかになったが、本章の目的は渡来系弥生人の解明なので、それに強く係わっていることが予想される韓半島青銅器時代人の核ゲノムを知る必要がある。ところが現状ではまだ一例もDNA分析されていない。

韓半島の新石器時代人の核ゲノム

一方、核ゲノム分析がおこなわれている三世紀の三国時代人（金海大成洞古墳群や金海柳下里貝塚）の核ゲノムは、韓半島の新石器時代人と同じ傾向をもつことから考えても、韓半島の青銅器時代人の核ゲノムも同じ傾向を示していたとみてよいだろう。すなわち、西遼河系と古代東アジア沿岸集団系（縄文類似）の韓半島新石器時代人とが混血した人びとの子孫である。この人たちを韓半島系青銅器時代人とよぶことにする。

以上のことから、弥生早期に渡来した可能性のある韓半島の青銅器時代人の核ゲノムは以下の四つが想定できる（藤尾「弥生人の成立と展開Ⅱ」『国立歴史民俗博物館研究報告』第二四二集、二〇二三）。

1　韓半島系青銅器時代人（獐項の末裔が一例）

韓半島系新石器時代人（西遼河系と韓半島新石器人の混血）の末裔で、なかでも渡来系弥生人に類似する核ゲノムをもつ人びとである。もともと渡来系弥生人に類似する核ゲノムをもつ人びとなので、在来（縄文）系弥生人と混血しなくても渡来系弥生人と似たような核ゲノムをもっている。二重構造モデルが想定していなかったパターンである。

2　中国北部系青銅器時代人（安島の末裔が一例）

まだ韓半島の青銅器時代や日本列島の弥生時代に見つかっていないが、中国北部系一〇〇％の核ゲノムをもつ韓半島青銅器文化人。中国北部の遼寧式青銅器文化の担い手として知られている人びとの核ゲノムに近い可能性がある。渡来後、在来（縄文）系弥生人と混血すれば渡来系弥生人が成立する。また中国北部系の渡来人は、中国北部の鋳造鉄器が列島に入る前四世紀以降にも存在した可能性がある。二重構造モデルが想定したタイプである。

3　韓半島在来系青銅器時代人（未確認）

中国北部系の核ゲノムをまったく含まない韓半島新石器時代人の核ゲノムを一〇〇％受け継いだ在来の青銅器時代人。まだ未確認だが、在来（縄文）系弥生人と混血しても、どちらも古代東アジア沿岸集団の末裔なので、現在の技術では在来（縄文）系弥生人の核ゲノムとの違いを見つけることは難しいと考えられる。

4　二段階渡来説（先松菊里文化＋初期鉄器文化）

水田稲作開始期と初期鉄器時代開始期の二回にわたっての渡来を想定する。

前一〇世紀後半に水田稲作を生産基盤にもつ韓半島系青銅器時代人（先松菊里文化）が

渡来し、さらに前四世紀前葉以降に円形粘土帯土器を使用する中国北部系の核ゲノムをもつ初期鉄器文化の人びとが渡来する二段階渡来説である。未発見ではあるが安徳台五号人骨のところで説明したように可能性がある。

二段階渡来説自体はかつて中橋孝博が想定していた。黄海沿岸の低顔・低身を特徴とする半農・半漁の人びとが渡来し、その後、前期末に銅剣・銅矛・銅戈を祭具とする高顔・高身の人びとが渡来したという説である（中橋・永井昌文「弥生人」『弥生人とその環境』弥生文化の研究一、一九八九、雄山閣）。朝日遺跡一三号人骨の存在がこの仮説の第一段階の渡来と矛盾するとはいえ、二段階渡来説を主張した点は評価されよう。

渡来系弥生人の核ゲノムに関する考え方は二〇一九年を境に、移住・混血説だけではなく、移住だけの可能性も想定しておく必要があること、そして渡来の時期は水田稲作の開始期（早期前半）一回だけでなく、初期鉄器文化の開始期（前期末〜中期前半）のあわせて二回であった可能性も想定しておく必要が出てきた。渡来人の候補としては、それぞれ先松菊里文化に属する韓半島系青銅器時代人と、初期鉄器文化に属する中国北部系の核ゲノムをもつ人を想定した。まさに二重構造モデルの部分見直しである。

では最後に、核ゲノムと考古資料との間の対応関係についてみてみよう。

土器の系統と核ゲノムとの関係

遠賀川系土器と条痕文系土器

さきほど水田稲作開始期の伊勢湾沿岸地域の状況を説明した際、在来(縄文)系弥生人と渡来系弥生人が混血を始める時期を示す資料として折衷土器をあげた。すなわち板付・遠賀川系土器を使用する水田稲作民と条痕文系土器を使用する採集狩猟民との混血の時期を暗示するものとして。このうち核ゲノム分析をおこなった遠賀川系土器を使用する渡来系弥生人と、条痕文系土器を使用する在来(縄文)系弥生人との関係について、伊勢湾沿岸地域を例にさらに深く説明しよう。

図24は前六世紀後半(Ⅰ期中段階)、水田稲作が始まったころの伊勢湾沿岸地域の遺跡分布図と、この地域で使われていた土器である。○は主に遠賀川系土器を出土する遺跡、

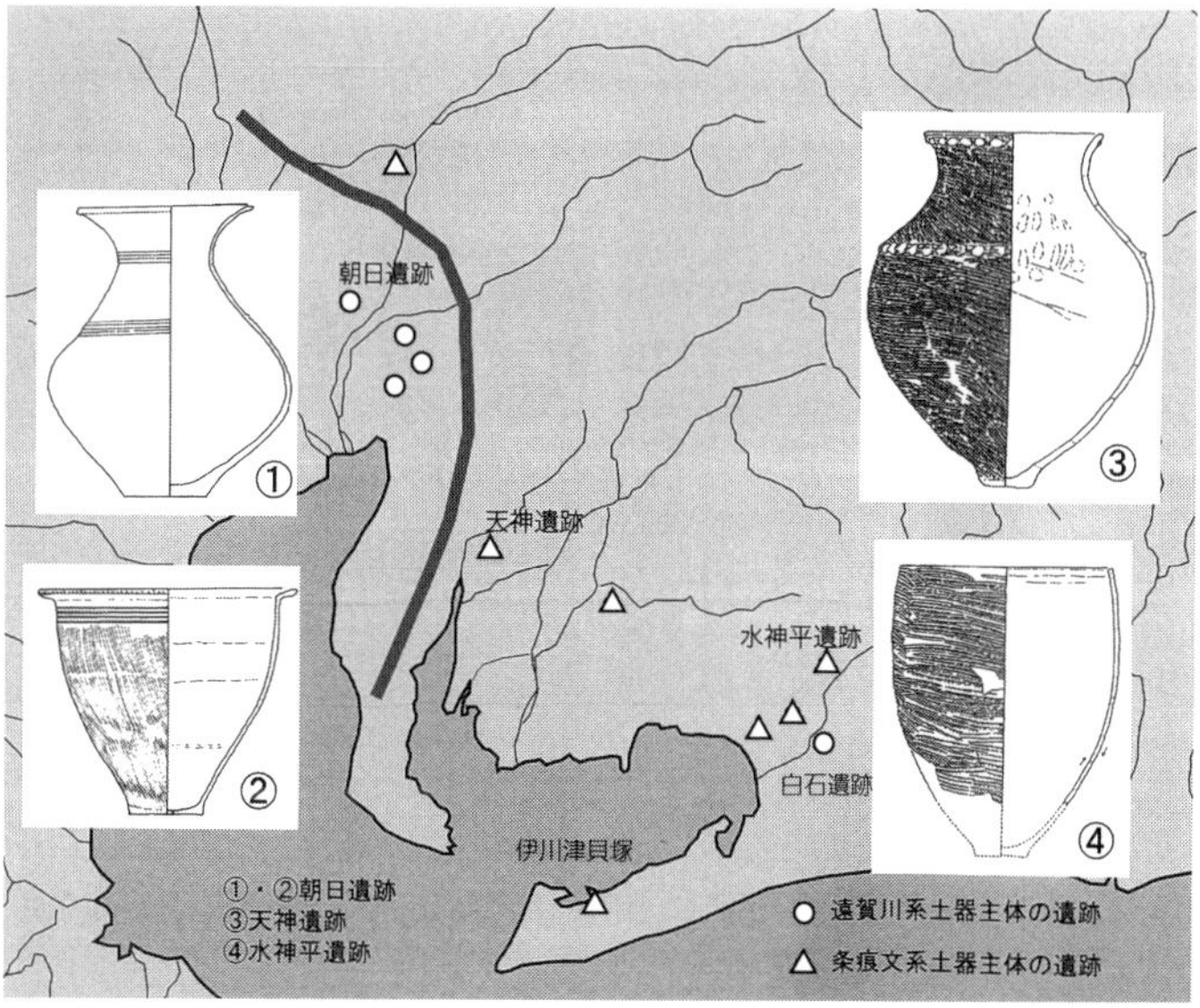

図24　前6世紀後半の伊勢湾沿岸地域における遺跡分布

△は主に条痕文系土器を出土する遺跡である。朝日遺跡は○で遠賀川系土器を使う渡来系弥生人のむら、伊川津貝塚は△で条痕文系土器を使う在来（縄文）系弥生人のむらである。

①と②が遠賀川系の壺と甕、③と④が条痕文系の壺と甕（深鉢）である。設楽博己によると条痕文系土器は、在来（縄文）系弥生人が遠賀川系土器に対抗して作った土器で、土器の器表面を二枚貝や櫛で荒々しく仕上げる点に特徴があるとのこと。

地図の中央にある縦の太い線を挟んで西側に○が、東側に△が密に分布していることがわかる。したがって前六世紀後半には線より西側では水田稲作が始まっているが、東側は基本的に水田稲作をおこなうことなく縄文時代以来の暮らしを続けている。

生業を異にする集団

線の東側に一つだけみられる○の遺跡が豊橋市白石遺跡である。条痕文系土器を使用する人びとがメインとなる地域に、一ヵ所だけ水田稲作をおこなっていた人びとがいることがわかる。西伊勢地域の特徴をもつ遠賀川系土器が出土することから、西伊勢地域とのつながりのある水田稲作民で、かつ環壕集落を造っていることからすでに農耕社会が成立していることがわかる。

多くの研究者は、○が水田稲作民、△が採集狩猟民という生業を異にする集団であることに反対はしないであろう。近年では△の遺跡でもアワやキビを補助的に栽培していたことはわかってきたが、生業全体における穀物栽培の位置づけは水田稲作民とは完全に異なっている。問題は、これらの違いと核ゲノムに対応関係がみられるのかどうか、という点である。

今のところ核ゲノムの分析例は、遠賀川系、条痕文系とも一例ずつで、前者が前六世紀後半の朝日遺跡一三号人骨、後者が前九〜前八世紀の伊川津貝塚二号人骨で時期は異なるが、伊川津貝塚ではⅠ期中段階になっても生業、墓制とも縄文的な暮らしが続いているので、核ゲノムも変化していない可能性が高い。

したがって、渡来系弥生人と条痕文系土器を使用する在来（縄文）系弥生人では、使用する土器や生業、墓制などが異なっていることが予想されるので、核ゲノムを異にする人びとが使用する甕や生業を異にする事例である。

実は有明海沿岸地域や鳥取平野にも弥生前期に突帯文系の甕を使い続ける人びとがいるが、こちらは水田稲作民である。まだ佐賀平野や鳥取平野の弥生人骨は核ゲノムの分析が一点もおこなわれていないので、なんともいえないが、もしかしたら、ゲノムを異にする水田稲作民も存在した可能性がある。今後の課題としたい。

水田稲作のはじまり

青銅器文化複合の生産基盤として

前一〇世紀後半以降は弥生時代

この章では穀物栽培が九州・四国・本州において、いつ、どのようにして始まり、灌漑式《かんがいしき》水田稲作が定型化していくのかについて述べる。水田や農工具などが明確な水田稲作開始期の状況は具体的に捉えることができるが、レプリカ法によって穀物の存在がわかるようになってきた水田稲作以前の穀物栽培の具体的な姿を明らかにすることは容易ではない。畑や農具があるのかないのかはっきりしないからである。こうした水田稲作以前の穀物栽培の段階を何時代の出来事とするのかについても二つの意見がある。

弥生時代の設定と穀物栽培

前一〇世紀後半に日本で最初に水田稲作が始まった九州北部玄界灘《げんかいなだ》沿岸地域において、水田稲作開始以前に穀物が栽培されていたとしたら縄文時代晩期の穀物栽培ということになる。しかし、九州北部よりも二五〇年から七〇〇年以上、遅れて水田稲作が始まる西日本や東日本においても、水田稲作以前の穀物栽培を縄文時代晩期の穀物栽培と捉える研究者が東日本には多い。前一〇世紀後半以降の穀物栽培を縄文時代と捉えるのはなぜなのであろう。

弥生早期の設定とともに縄文晩期の土器だった山ノ寺式《やまのてらしき》土器と夜臼式《ゆうすしき》土器を弥生早期土器に変更した九州北部と、九州北部が弥生時代に入っていても山内清男が縄文晩期土器と設定した土器の時代は、縄文時代晩期として理解する東日本の違いであろうか。

同じ年代であるにもかかわらず別の時代と表現するのは読者を混乱させるもとなので、この章では前一〇世紀後半以降を弥生時代と表現している。そのうえで水田稲作開始以前や以降に存在する穀物栽培の内容を検証すると、大きく二つにわかれることがわかる。

水田稲作が遼寧式青銅器文化や韓半島青銅器文化の生産基盤として選択的な生業構造のもとで始まり、その後、社会面や祭祀面が質的に変化する「青銅器文化複合」と、網羅的な生業構造のもとでアワやキビ、ときとしてイネも含めた穀物栽培が始まり、緩やかに農耕的側面が定型化していく「農耕文化複合」（設楽博己「農耕文化複合と弥生文化」『国立歴史民俗博物館研究報告』第一八五集、二〇一四）である。農耕文化複合においては必ずしも社会面や祭祀面に質的変化が起こるわけではない。

そこで縄文時代の穀物栽培をめぐる研究史を概観したあと、レプリカ法などの新しい研究・調査手法によって近年明らかになってきた穀物の出現状況を年代ごとにおさえることから始めよう。

縄文後・晩期農耕論と弥生水田稲作

板付Ⅰ式土器が最古の弥生土器として設定された一九六〇年代、弥生開始期における水田稲作の実態があまりにも完成されたものであったため、縄文時代後・晩期に存在したであろう原初的な農耕が少しずつ発展し、定型化したものが弥生水田稲作と考えられた。発展段階説である。弥生水田稲作へと発展していく段階を説明したのが森貞次郎の有名な定義である（森貞次郎「島原半島（原山・山ノ寺・礫石原）及び唐津市（女山）の考古学的調査―おわりに―」『九州考古学』一〇、一九六〇）。

縄文時代後・晩期におこなわれていた原初的な穀物栽培が、次第に技術的、祭祀的にいろいろな要素を積み重ねていき、最終的に完成されて登場するのが弥生水田稲作という考え方である。筆者には、設楽のいう「農耕文化複合」の考え方に近い部分があると思えてならないが、ともあれ日本の水田稲作は、縄文後・晩期の穀物栽培を前提として始まったと考えられていたことは間違いない。逆に縄文後・晩期農耕説とは弥生水田稲作の前段階として発展段階説のなかで想定された考え方だったといえよう。

そのため弥生文化の三大要素といわれる弥生土器、農業（水田稲作）、鉄器のうち、弥生土器と鉄器が弥生時代になってから出現するのに対して、水田稲作だけはその原初的な形態のものが縄文後・晩期から存在すると考えられていたことになる。実際、一九六四年におこなわれた佐賀県宇木汲田貝塚の調査で、板付Ⅰ式以前の夜臼式しか出土しない層から炭化米が見つかっている。

縄文時代の水田稲作か弥生時代の水田稲作か

ところが事態は一変する。一九七八年から玄界灘沿岸地域でおこなわれた板付遺跡、菜畑遺跡、糸島市曲り田《まがりだ》遺跡などの一連の発掘調査によって、完成された水田稲作と鉄器が縄文晩期後半の突帯文土器単純段階に存在したことが明らかになったのである。その結果、弥生文化の三大要素のうち、農業と鉄器は縄文晩期に出現し、弥生土器だけが弥生時代になってから出現すると理解されることになる。

この状況について九州北部の多くの弥生研究者は、縄文晩期に水田稲作が始まり鉄器が出現すると理解したが、全国の弥生研究者の共通理解となることはなかった。一九七五年に佐原真が発表していた、水田稲作を中心とする生活が始まった時代を弥生時代、使われていた土器を弥生土器とするという新しい定義に従い、弥生先Ⅰ期と理解されたのである。現在の弥生早期である。この結果、ふたたび弥生土器、農業、鉄器という三大要素が弥生時代の当初から存在することになる。

しかし、弥生早期以前に原初的な穀物栽培がおこなわれていたという考えにもとづき、弥生早期以前の穀物栽培を明らかにする調査・研究は継続しておこなわれたのである。

弥生早期以前の穀物栽培をめぐる研究

弥生早期以前の穀物栽培を証明するためにとられた主な方法は、プラント・オパールと圧痕土器である。プラント・オパールとは、イネ科植物の葉身にある機動細胞珪酸体《けいさんたい》のかたちや大きさが属・種ごとに異なることに注目して、イネ科植物のなかの何にあたるのかを推定したり（種の同定）、プラント・オパールの量（密度）から給源植物の量を推定したりする方法である。したがって、イネなのかヨシなのかの識別はもちろん、イネならインディカかジャポニカか、また栽培された植物体量や種実生産量まで推定できるという代物であった（藤原宏志「日本における稲作の起源と伝播に関わる一、二の考察」『考古学ジャーナル』三三七、一九九一）。土層中や土器の胎土中に含まれるプラント・オパールを求める調査が盛んにおこなわれた。

また圧痕土器とは、土器がまだ乾燥途中の軟らかい段階に着いた植物や昆虫のスタンプ痕を調査し、何が着いたものなのかを同定する調査である。

調査の結果、九〇年代にはプラント・オパールを根拠に縄文前期まで、籾痕土器を根拠に縄文中期まで稲作がさかのぼるとするという説が発表されたが、現在ではいずれも否定されている。その理由はプラント・オパールの場合、プラント・オパール自体の年代を求めることが難しいことや、素焼きの縄文土器にあいている孔よりもプラント・オパールの方が小さいために、後世にプラント・オパールが胎土の隙間に混じり込むことを否定できない点である。筆者は、以前、プラント・オパールは土器胎土の粒子の隙間を通り抜けることはできないと書いたが、ここに撤回する（『縄文論争』講談社、二〇〇二）。

また土器に着いた籾の圧痕も肉眼観察では種の同定が難しいことや、圧痕が着いている土器の型式認定に関して研究者の同意を得ることが難しい場合があることも考えられる。

筆者も縄文後期後半までは穀物栽培の可能性があるということで、水田稲作以前に園耕（Horticulture）が存在したと主張したことがあるが（藤尾『縄文論争』講談社、二〇〇二）、現在では後述するレプリカ法にもとづく調査の進展によって縄文晩期末以前には穀物が存在しないことがわかり根拠を失ってしまった。

レプリカ法の進展による最古の穀物の追求

水田稲作以前に穀物が存在したことを明らかにするためにレプリカ法による悉皆調査が盛んにおこなわれている。今のところ穀物の上限は、水田稲作が始まった九州北部の突帯文単純段階よりも一段階古い縄文晩期末までさかのぼっている。詳細は後述する。

日本列島に自生する穀物の野生種はアワの野生種であるエノコログサだけなので、それ以外の穀物はすべて列島外から栽培種として持ち込まれたものである。栽培種である穀物を育てる行為は、栽培育種学的な「農耕」という定義を適用できるので、日本の農耕は前一一世紀の縄文晩期末までさかのぼるということができる。ただ残念なことにその時期の畑の跡は未発見で、栽培されていた可能性を示す農具は石庖丁が一点だけというお粗末な状況である。

一方、ダイズやアズキの野生種であるツルマメやヤブツルアズキを対象とした管理(Management)は、一万年ほど前から中国や韓半島に先駆けて日本列島で始まったことが明らかになりつつあるが、弥生時代のメジャーフードはあくまでも穀物であってマメ類ではない。

ではまず、レプリカ法によって明らかになりつつある穀物の出現時期を年代ごとにみていくことにする。

レプリカ法——水田稲作以前の穀物を求めて

レプリカ法の開発と実践

レプリカ法は丑野毅が歯科医用のシリコーンを用いて改良し、縄文土器の技術の解明に寄与したところに端を発する（丑野・田川裕美「レプリカ法による土器圧痕の観察」『考古学と自然科学』二四、一九九一）。丑野とともにレプリカ法を植物圧痕の分析に応用したのが中沢道彦である（中沢・丑野「レプリカ法による縄文時代晩期土器の籾状圧痕の観察」『縄文時代』九、一九九八）。二人の目的は日本列島の農耕文化の起源を探ることにあった。

その後、この手法は中山誠二（『植物考古学と日本の農耕の起源』同成社、二〇一〇）や小畑弘己（『東北アジア古民族植物学と縄文農耕』同成社、二〇一一）も採用し、その調査の手は日本列島のみならず韓国やロシアなどにも及んでいる。

そして近年では設楽による二回にわたる大型の科学研究費（基盤研究Ａ「植物・土器・人骨の分析を中心とした日本列島農耕文化複合の形成に関する基礎的研究」、基盤研究Ａ「東日本における食糧生産の開始と展開の研究—レプリカ法を中心として—」）による悉皆調査へと続き、その成果は三冊の成果報告として刊行されている（『農耕文化複合形成の考古学　上—農耕のはじまり—』雄山閣、二〇一九。『農耕文化複合形成の考古学　下—農耕がもたらしたもの—』雄山閣、二〇一八。『東日本穀物栽培開始期の諸問題』雄山閣、二〇二三）。のちほど、これらの成果に基づいて作成した穀物の年代別分布図（縄文晩期末：前一一世紀～弥生前期末：前四世紀）をみながら詳細を述べる。

九州での実践—穀物圧痕の出現は縄文後期後半—

一方、九州では山崎純男が二〇〇三年ごろから、縄文土器を対象とした圧痕の悉皆調査を始めていた（「九州における圧痕資料と縄文農耕」『日本考古学協会二〇〇七年度熊本大会研究発表資料集』三四四～三五三頁、二〇〇七）。山崎の発案によるこの調査研究を技術的に支え、いわゆる福岡市埋蔵文化財センター方式を考案したのが比佐陽一郎と片多雅樹である（比佐・片多『土器圧痕レプリカ法による転写作業の手引き』福岡市埋蔵文化財センター、二〇一五）。

山崎によれば圧痕が多く確認できるのは縄文後期後半～晩期の遺跡から出土した土器で

あり、弥生時代になると圧痕の着く部位が底部に集中し、しかもイネのモミ圧痕が急激に増加するという。山崎は縄文土器を対象とした悉皆調査をふまえて、発見に至った圧痕土器を根拠に縄文人の植物利用の変遷を四つの段階にわけた。

第一段階は堅果類の果皮を混和材として混入したと推測されるもので、縄文草創期から中期前半までみられるという。この時期にはまだ栽培型植物の圧痕をみることはできない。

第二段階は、縄文中期後半から後期前半にかけての時期である。やはり堅果類の果皮が混和材として使用されている。山崎はこの段階になると栽培型植物の圧痕があってもよいと考えているが、現状ではこの段階に属する栽培型植物の圧痕は未確認である。

第三段階は植物種子の圧痕が急増して種類も多くなる段階で、縄文後期後半から晩期終末（黒川式）にかけての時期である。ただ、福岡市早良《さわら》平野では堅果類の果皮が混入した土器が顕著にみられ、また早良・糸島平野では貝殻を混和材として混入させているという。この段階は今から四二〇〇年前の縄文後期におきた寒冷期である四・二Kイベントのあとなので、植物種子の圧痕が増えた背景には森林性から草原性などへの植生変化が想定されている。また後述するコクゾウムシの圧痕も多くみられるという。

山崎はこの段階に焼畑が始まったと考えている。その証拠として出作り小屋と推測される遺構（福岡市重留《しげとめ》C—二号墳遺跡、同和田B遺跡）や、焼畑耕地（福岡市大原D遺跡）と考えられる炭混じりの土層が広がっていることなどをあげている。山崎は、ワラビの裂片の圧痕を土器にみることができることを根拠に焼畑では植物の地下茎が栽培されたと想定している。地下茎を掘るための道具としては、これまで縄文後期後半になって九州で急増するといわれてきた短冊型の打製石斧を想定し、この打製石斧がヤマノイモなどの根茎類の採集具に限定することなく、より幅広い用途をもつ石斧であることを想定する必要のあることを説いている。

第四段階は、弥生早期の刻目突帯文土器単純段階以降に相当する。圧痕の種類が激減する一方でイネの圧痕が大勢を占め、マメ類やアワ等が続くことから、縄文時代の圧痕とは様相が一変していることがわかる。水田稲作が始まると土器作りに対する考え方が変わるのであろうか。

山崎は特に重要な点として第三段階と第四段階の間に質的な変化が認められることをあげる。第四段階になると圧痕がイネ主体となるとともに、圧痕の出現率が第三段階の約二〇倍になることである。山崎は急増する穀物の圧痕の出現率をもとに、縄文農耕の生産性は弥生時代の生産性の〇・五割ときわめて低かったと推測しているが、これが実際の収穫物の生産量と関係するのかどうかは検証が必要である。

コクゾウムシ

山崎の調査によって思いもよらず見つかったのがコクゾウムシの圧痕（図25）である。私が子供のころ、米は計量米びつにいれておいて、ご飯を炊くたびに必要な量（一合、三合、五合のレバーがあった）だけ出して研いで炊いていたものだが、時々、米粒大の黒いものが動いていることがあった。コクゾウムシである。

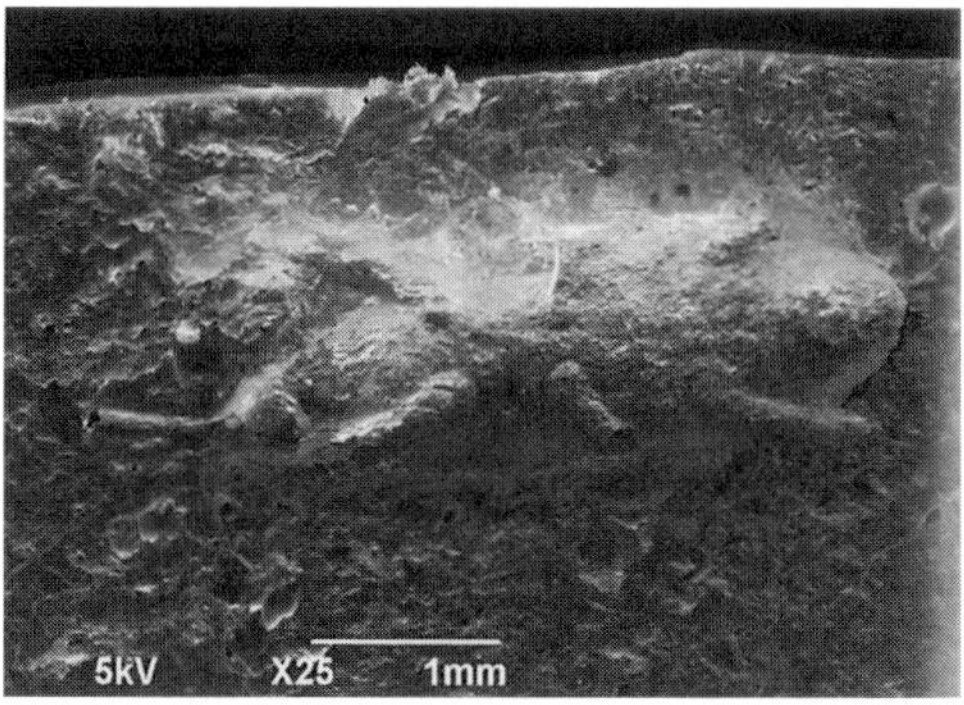

図25　鳥取県本高弓ノ木遺跡のコクゾウムシ圧痕の電子顕微鏡写真（濵田竜彦氏提供）

穀物につくゾウムシの仲間である。今では無洗米なるものもあってコメ自体、研がなくなっているし、ましてやコクゾウムシなど小学生に話してもまったく通じない。

コクゾウムシの圧痕が見つかった当初、コクゾウムシは貯蔵されているコメに涌くことから、縄文後期後半の土器に圧痕が見つかるということは、いまから三五〇〇年ほど前にはコメが貯蔵されていたことを示すと考え、縄文後期農耕の有力な証拠の一つと考えていた。二〇〇七年に歴博で開催した企画展「弥生はいつから⁉」展でも、このような趣旨で展示をおこない、やんごとなきお方にもそのようにご説明したことを今でも覚えている。

コクゾウムシは穀物に涌く虫、という見方にはじめて疑問を示したのは安藤広道のようである。この疑問は、一万年以上前の縄文土器にコクゾウムシの圧痕が見つかったことによって正しかったことが証明されている。では穀物のない縄文時代晩期末以前、コクゾウムシは一体、何に涌いていたのであろうか。調査の結果、堅果類などのデンプン質の植物が貯蔵されていれば、コクゾウムシが涌くことが確認されたのである。このことは昆虫学者すら知らなかった事実であり、これ以降、「昆虫考古学」という新しい分野が誕生することになる。

結局、水田稲作以前の穀物栽培とは

一九九〇年代に籾痕土器やプラント・オパールを証拠に盛んに唱えられた縄文時代後・晩期の穀物栽培説は、レプリカ法による悉皆調査によって縄文晩期末の島根や福岡、大分でコメやアワが確認されている以外は穀物が存在した証拠がないため、現状では成り立たない。

その反面、中国や韓半島よりも早く、縄文人が一万年以上前からダイズやアズキの野生種を管理（Management）していたことを明らかにしている。内藤健はアズキの全ゲノム解析をおこなった結果、縄文人が種子の肥大化と種子色の赤色化などの変異を伴うアズキ栽培品種の樹立を担い、それがアジア地域に広がったことを明らかにしている（内藤「ゲノムから探るアズキの起源」『季刊考古学』第一六六集、二〇二四)。

マメ類がどのぐらい作られて食べられていたのかはこれから解明されていくだろうが、社会を質的に転換させるような生産基盤とはなっていなかったことは確かである。

では、次節で穀物が日本ではじめて中国地方・九州地方に出現する前一一世紀(晩期末)、九州北部で灌漑式水田稲作が始まる前一〇世紀(弥生早期)、中部・関東地方以西に穀物が出現する前一〇〜前八世紀(弥生早期後半〜前期初頭)、西日本の各地で灌漑式水田稲作が始まる前七世紀(前期中ごろ)、東北北部で水田稲作が始まる前四世紀(前期末)の順に、各地における穀物の出現・拡散状況をみていくことにしよう。

設楽科研で作成された表6(前掲書、設楽編二〇二三)をもとに弥生前期末以前のデータを抽出した。全部で一四四遺跡に達している。土器の時期は表2を参照してほしい。九州北部から東北までの土器編年と併行関係を明示している。また弥生早期以降で、出土遺物から明らかに水田稲作をおこなっていたことがわかっている遺跡でも、レプリカ法の調査がおこなわれていない遺跡や、調査されても穀物の圧痕が見つかっていない遺跡は載せていないので注意してほしい。

地域ごとの穀物の出現，水田稲作開始時期（設楽編2023：口絵1を一部修正）

近畿	北陸	東海	中部高地	関東	東北
篠原(新)	中屋2	桜井	佐野Ⅰb	安行3c	大洞C_1
滋賀里Ⅳ	中屋3・下野(古)	西之山	佐野Ⅱ(古)・(中)	安行3d・前浦Ⅰ	大洞C_2(古)
口酒井(イネ)	下野(新)	五貫森(古)(キビ)	佐野Ⅱ(新)	安行3d・前浦Ⅱ	大洞C_2(新)
船橋(キビ)	長竹(古)	五貫森(新)	女鳥羽川(アワ・キビ)	桂台・前窪(キビ)	大洞A(古)
長原(古) Ⅰ(古)(水田稲作)	長竹(新)(アワ・キビ)	馬見塚	離山・氷Ⅰ(古)(アワ)	杉田Ⅲ・千網(アワ)	大洞A(新)(アワ)
長原(新) Ⅰ中	柴山出村(古)	樫王 Ⅰ(中)(水田稲作)	氷Ⅰ(中)・(新)(イネ)	荒海1・2，千網(イネ)	大洞A'(イネ)
Ⅰ(新)	柴山出村(新)(イネ)	水神平 Ⅰ(新)	氷Ⅱ	荒海3・4，沖Ⅱ	青木畑・砂沢(水田稲作)
Ⅱ	八木ジワリ〜小松	朝日〜貝田町	庄ノ畑〜阿島	岩櫃山〜池上	五所・山王Ⅲ層

表２　縄文時代晩期末～弥生時代中期初頭の編年と併行関係および

較正暦年代	相対年代	九州北部（玄界灘沿岸地域）	山陰（鳥取平野）	山陽・四国
前11～前10世紀前半	晩期後半	黒川（新）	（神原Ⅱ）	谷尻
	晩期末	江辻 SX01（アワ・イネ）	桂見Ⅰ（イネ）	前池
前10世紀後半	早期前半	山ノ寺・夜臼Ⅰ（水田稲作）	桂見Ⅱ（アワ･キビ）	津島岡大（古）
前840	早期後半	夜臼Ⅱａ	桂見Ⅱ	津島岡大（新）（イネ）
前780	前期初頭	夜臼Ⅱｂ　板付Ⅰ	古市　Ⅰ－１ 川原田	沢田（古）（アワ･キビ）
前700	前期中頃	亀ノ甲Ⅰ　板付Ⅱａ	古海　Ⅰ－２（水田稲作）	沢田（新）津島（水田稲作）
前550	前期後半	亀ノ甲Ⅱ　板付Ⅱｂ	イキス　Ⅰ－３	高尾
前380	前期末	板付Ⅱｃ	Ⅰ－４	門田
前350	中期初頭	城ノ越	Ⅱ	Ⅱ

日本列島における穀物の出現——前一一世紀

前一一世紀の変化

前一一世紀に九州の西部を除く西日本で突帯文土器が出現する頃になると（炭素一四年代は二八〇〇 ^{14}C BP台）、韓半島東南部からの影響と考えられる資料群が九州東部から中国地方西部にかけてみられるようになる（図26、第一次拡散）。かつて筆者が欣岩里型の農耕文化とした文化複合体の拡散である（藤尾「生業から見た縄文から弥生」『国立歴史民俗博物館研究報告』第四八集、一九九三）。

まず前期無文土器の標準的な文様である、口縁部に孔をあけた孔列文を模した「擬孔列文土器」の出現である（図27—1）。一九九五年段階では西日本で四五遺跡、一〇七例が確認されているが、すべて模倣して文様を付けたものと縄文土器に孔列文を施したものの二種類がある。

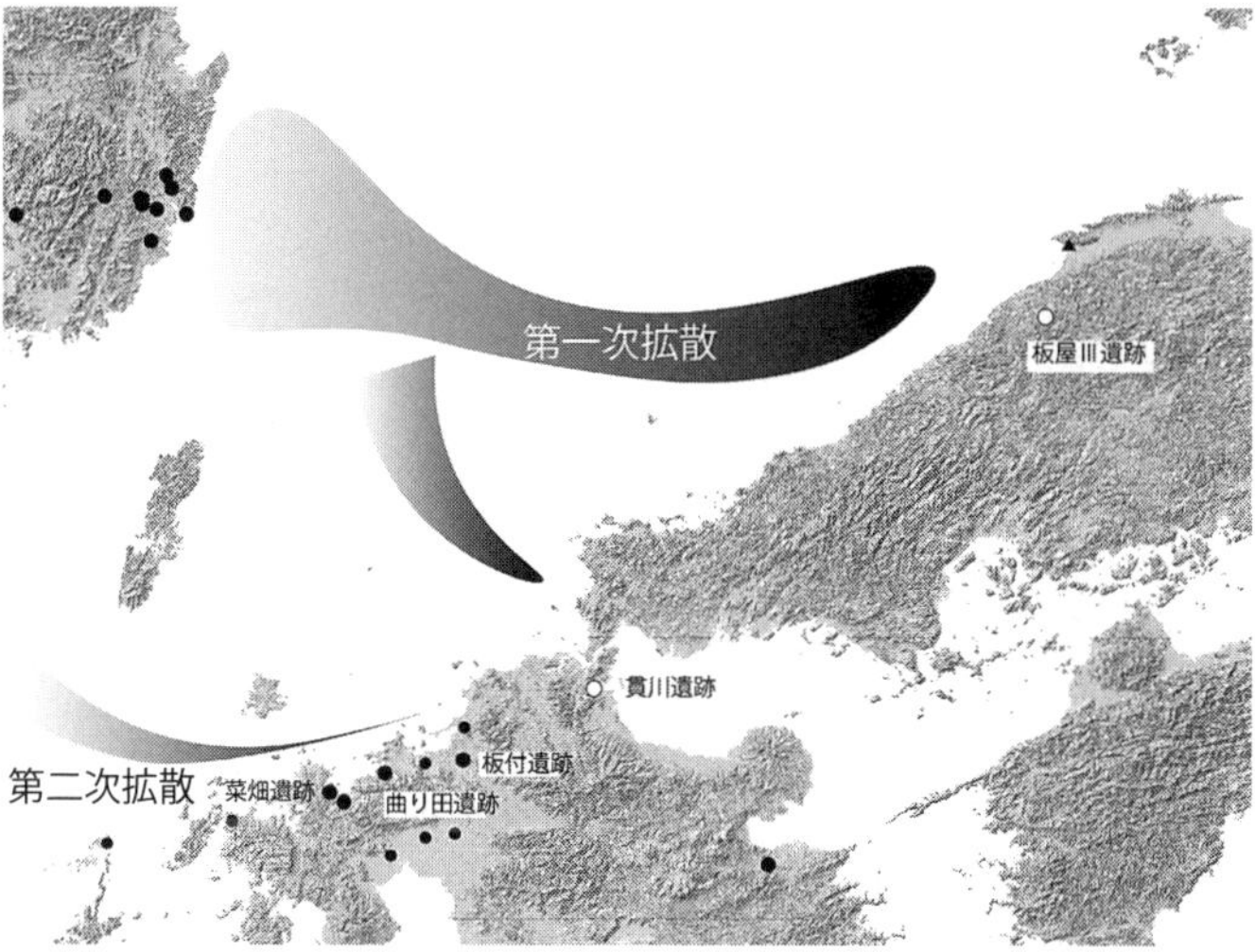

図26　縄文時代晩期末〜弥生時代早期前半における韓半島南部から西日本への文化拡散

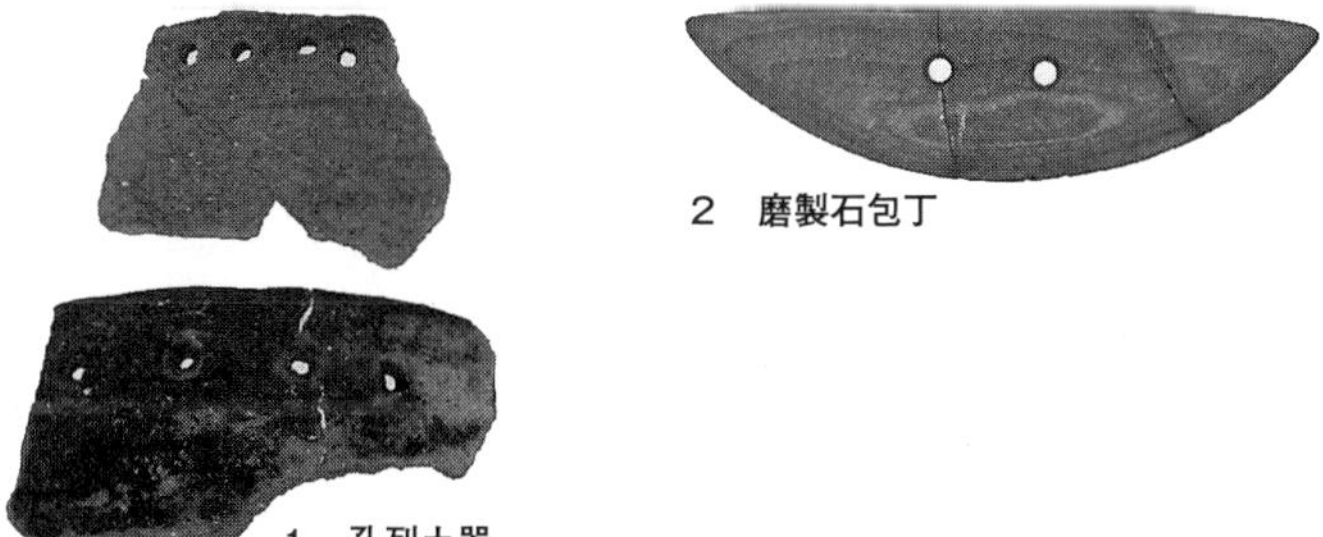

図27　北九州市貫川遺跡から出土した晩期末の石庖丁と孔列文をもつ深鉢（同報告書より）

つぎにこれらの土器に伴って穂摘具である石庖丁が北九州市貫川《ぬきがわ》遺跡で出土している(図27―2)。武末純一によると長舟形をしたこの石庖丁は、江原道浦南洞《ポナンドン》遺跡出土品に類似しているそうだ。これらの土器や石器群は韓半島南部の前期青銅器時代に始まった水田稲作に伴う農工具類である。

韓半島南部では前一一世紀の前期青銅器時代の遺跡である蔚山玉峴《オクキヨン》遺跡などで小区画水田が見つかっていることから、前一五世紀ごろに始まった畑稲作が、前一一世紀に水田稲作へ転換していたことがわかる。おそらくこの影響が九州東北部から中国地方西部にかけての範囲に及んでいたのではないかと考えられる。

イネの籾痕が着いた土器の出現

そしてついに、これらの模倣土器に伴いコメの籾痕をもつ突帯文土器が島根県で出土した。飯南《いいなん》町板屋Ⅲ遺跡（図28―77）から出土した中国地方最古の突帯文土器である前池式土器の口縁部内面にイネの圧痕が見つかったのである（図29）。遺跡は中国山地の山間《やまあい》にあり、広い面積をもつ水田でコメが作られていたような景観ではない。孔列文をもつ土器片が見つかっているほかは、稲作関連の石器類もまったく見つかっていない。

圧痕は渡部忠世が稲籾と鑑定しているので、コメが前一一世紀の奥出雲に存在していたことは間違いない（図29）（「板屋Ⅲ遺跡出土縄文土器片付着の圧痕について」『板屋Ⅲ遺跡』

図28　縄文晩期末の穀物の圧痕土器出土遺跡

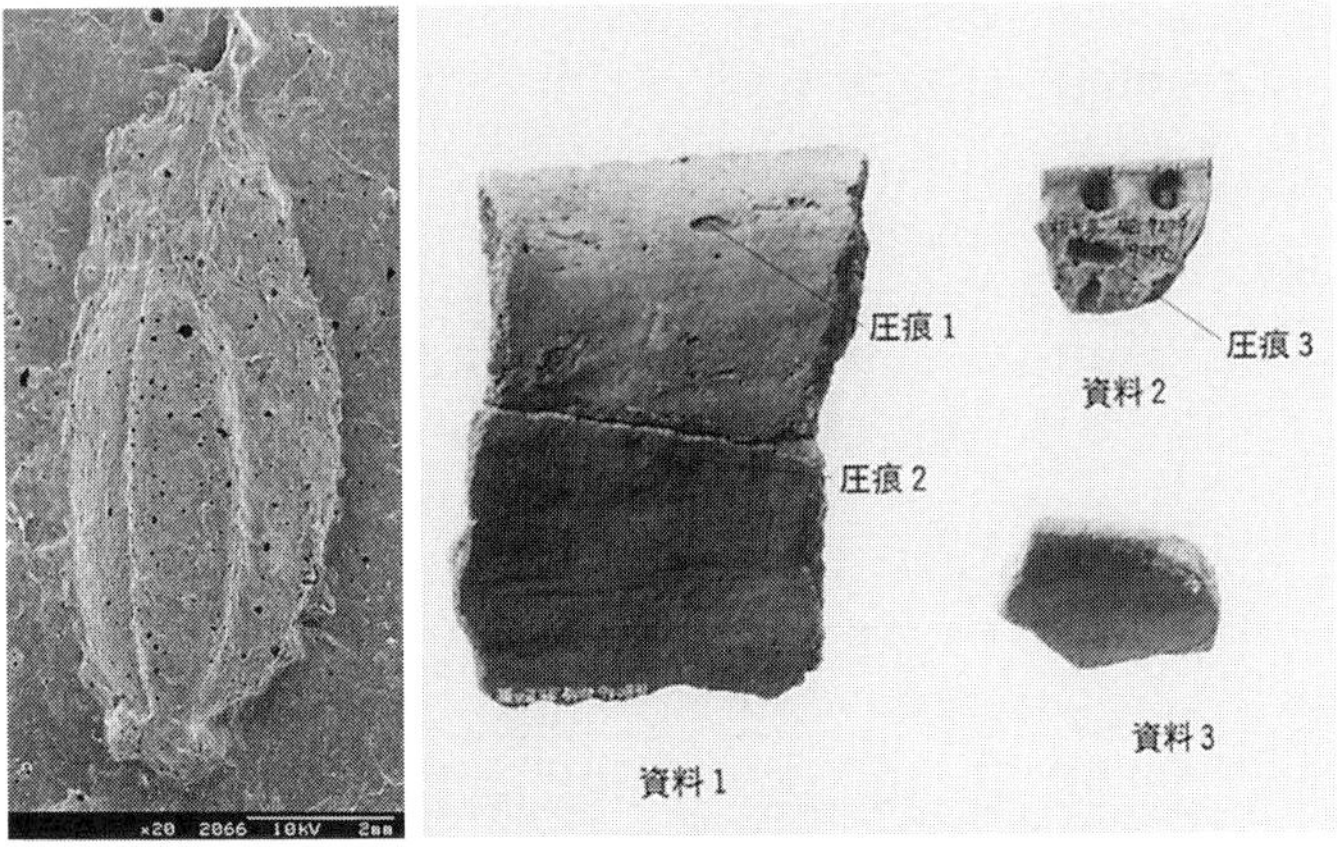

図29　島根県板屋Ⅲ遺跡出土のイネの圧痕土器と電子顕微鏡画像
（同報告書より，左の電顕写真は中沢道彦氏提供）

〈付編〉、島根県教育委員会、一九九八）。

縄文土器の器種構成や石器の組み合わせ、社会構造、土偶祭祀などに質的な変化が起きた形跡は認められないことから、コメが作られていたとしても補助的なものであったにすぎないと考えられる。

アワの圧痕が着いた土器の出現

イネとアワの圧痕が着いた土器が見つかったのは福岡平野の東部に位置する福岡県粕屋町江《え》辻《つじ》遺跡（図28―93）である。まずイネだが、第四地点の土器溜まり遺構（SX―1）の第四層から出土した突帯文土器（遺物No.330、図30―2）の突帯下外面に着いているという報告がある（図30）（新宅信久編『江辻遺跡第四地点』粕屋町文化財調査報告書第一四集、一九九八）。

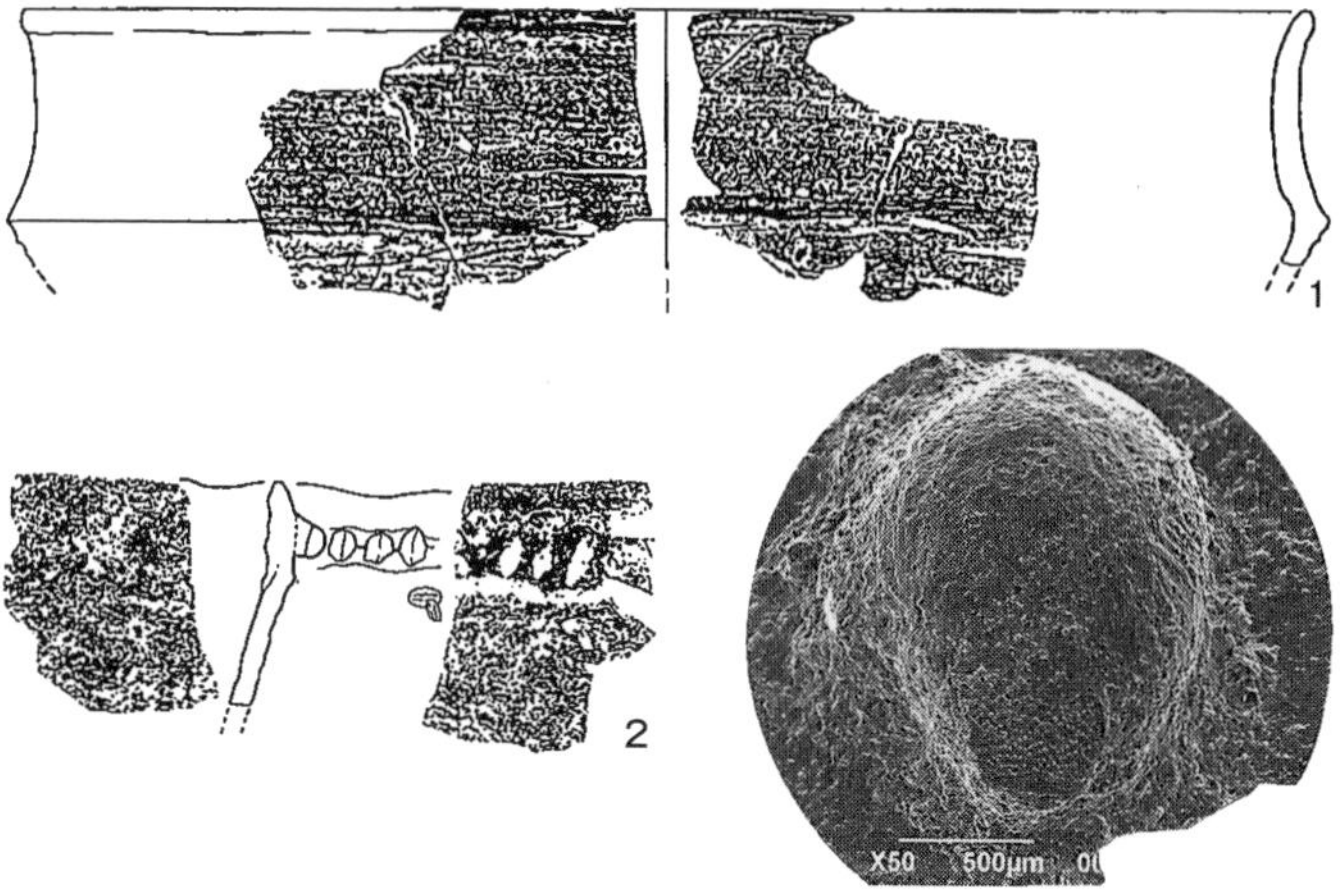

図30　粕屋町江辻遺跡出土圧痕土器とアワの電子顕微鏡写真（図は同報告書，電顕写真は中沢道彦氏提供）

四層は弥生早期の遺物を多く含み、なかには若干古い様相を示す遺物もあると報告されている。この突帯文土器は、山ノ寺式古相とした屈曲部に突帯のない屈曲型一条甕や方形浅鉢、粗製浅鉢など、後述する橋本一丁田遺跡などと同じ段階とみることもできる。

また第六層から出土した浅鉢の外面にアワの圧痕が確認されている（遺物№73、図30―1）。こちらは突帯文土器でも前池式段階まで上がる可能性があるとされているところから、現状では日本列島でもっとも古いアワの証拠と考えられている（中沢道彦「日本列島における農耕の伝播と定着」『季刊考古学』第一三八号、二〇一七）。

以上、日本では縄文時代晩期末になってようやくコメとアワが現れ、その場所は、水田稲作がもっとも早く始まる九州西北部の玄界灘沿岸地域ではなく、九州東北部から中国地方西部にかけての地域であった。アワ痕土器が見つかった大分県石井入口遺跡（図28―104）も阿蘇の外輪山の東にあることから九州東部といえるだろう。同時期の韓半島の土器文様である孔列をもつ擬孔列文土器の分布とほぼ一致していることも興味深い。やはり、水田稲作が最初に始まる玄界灘沿岸地域ではないことが重要である。

そして水田稲作以前にコメやアワが栽培されていたとしても、縄文土器の様式構造に変化はなく、ましてや社会に質的な変換が起きた形跡が認められないところから、縄文時代の採集狩猟経済社会は基本的に揺らぐことはなかったようだ。もし穀物が栽培されていたとしても、多様な食料獲得手段の一つとして位置づけられたのであろう。まさに網羅的な生業構造のなかにおける穀物栽培である。

西日本に穀物が出現する契機となったのは、韓半島南部において前一一世紀に水田稲作が始まったことと無関係ではないが、縄文社会の生業構造のなかに取り込まれたのは、移住者による水田稲作のはじまりとは異なる伝播形態であったことは想像できるが、具体的な姿はいまだみえてきていない。

次は、玄界灘沿岸地域で灌漑式水田稲作が始まり、中国地方でアワやキビが、近畿地方でコメが出現する前一〇世紀後半である。

水田稲作の開始と穀物栽培の拡散——前一〇世紀後半〜前八世紀前葉

灌漑式水田稲作の開始と穀物栽培の広がり

前一〇世紀後半（早期前半）には玄界灘沿岸地域において灌漑式水田稲作が始まる。中国地方では穀物栽培が継続するとともに近畿でイネの栽培が始まっていた可能性がある。前九世紀後半（早期後半）には、四国でイネ、伊勢湾沿岸までアワやキビ、前八世紀には四国でアワ、近畿でキビ、東海でキビ、中部高地でアワやキビ、関東の島嶼部でキビの栽培が始まっていた可能性がある（図31）。関東の島嶼部まで穀物が広がった背景について考える。

前一〇世紀後半に韓半島南部の後期青銅器文化人が渡来した玄界灘沿岸地域では、選択的生業構造のもとで青銅器文化の生産基盤である灌漑式水田稲作がおこなわれたのに対して、前一一世紀に奥出雲で始まった網羅的な生業構造のもとでの穀物栽培は、前九世紀後

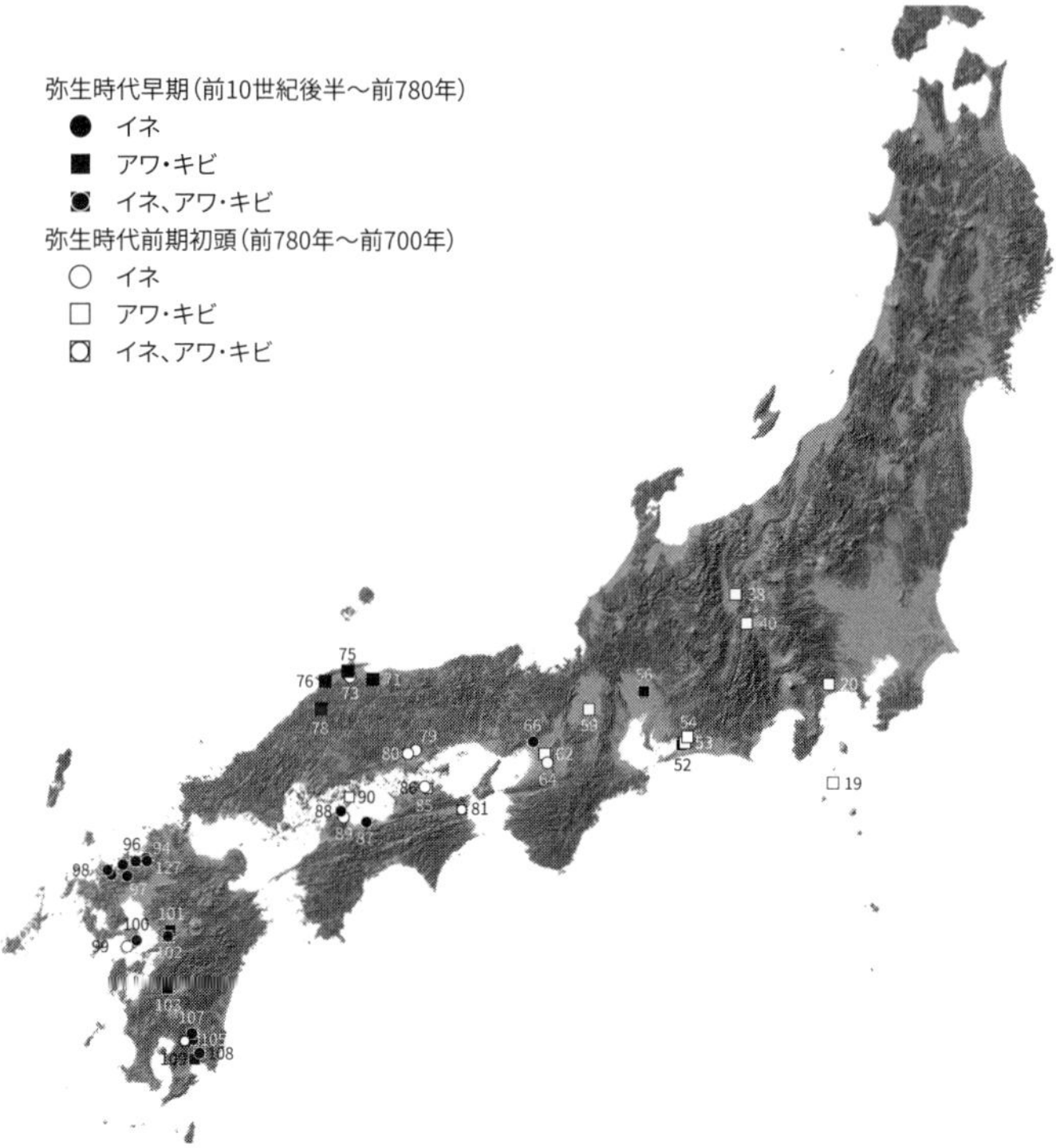

図31　弥生早期～前期初頭の穀物の圧痕土器出土遺跡

半から前八世紀にかけて中・四国から関東島嶼部にかけての広範囲に広がっていた可能性がある。

前者は韓半島の青銅器文化人が遼寧式青銅器文化複合として持ち込んだのに対し、後者は縄文社会が自らの枠組みを崩さない範囲内で穀物を栽培したものである。

九州北部—灌漑式水田稲作の開始—

前一〇世紀後半になると玄界灘沿岸地域において灌漑式水田稲作が始まることで弥生時代が始まる。黒は突帯文土器単純段階、白は夜臼・板付Ⅰ式共伴期とその併行期である。また○がイネ、□がアワ・キビである。したがって黒い●は突帯文土器単純段階のコメの圧痕土器、白い□は、共伴期のアワやキビの圧痕土器が見つかっているという意味である。

福岡市板付遺跡（図31—94、以下図31の番号）で水田関連遺構（幹線水路・堰・水口）、木製農具が見つかっているが、圧痕土器はコメだけが見つかっている。那珂遺跡（95）、佐賀県東畑瀬《ひがしはたぜ》遺跡（97）、長崎県権現脇遺跡（100）でも同じくコメしか見つかっていないが、福岡市橋本一丁田遺跡（96）や熊本市江津湖湖底遺跡（102）、佐賀県菜畑遺跡九〜一二層（98）、宮崎県坂元A遺跡（106）、鹿児島県小迫《こさこ》遺跡（108）ではイネ・アワ・キビ、もしくはアワとキビが見つかっている。

レプリカ法で穀物が存在したことは証明できるが、なかったことは証明できないことに留意した上で、前一〇世紀後半の突帯文土器単純段階には玄界灘沿岸地域において確実に水田稲作が始まっていて、畑ではアワやキビを栽培した人びともいた。ただし、九州の突帯文土器単純段階以前の晩期末に確認されているのは江辻遺跡のアワだけである。また九州南部でも宮崎県都城《みやこのじょう》市や鹿児島県志布志《しぶし》市にはイネ、アワ・キビが存在しているものの、明確に定型化した灌漑式水田稲作がおこなわれていたといえる状況証拠は得られていないといえよう。

中国～関東地方の穀物の状況

〔中国地方〕　前一〇世紀後半になると山陰や近畿にイネ、アワ・キビが出現し、前九世紀後半（早期後半）になると四国にコメが出現する。しかし、近畿以東は、前九世紀になって伊勢湾沿岸にアワやキビがわずかにみられるもの、中部高地や関東には前八世紀になるまでみることはできない。

先述したように前一一世紀、縄文時代晩期後半の突帯文土器段階にコメがはじめて出現した地域である。前一〇世紀後半の山ノ寺・夜臼Ⅰ式併行期になると島根県三田谷Ⅰ遺跡（76）でキビ、鳥取県青木遺跡（71）でアワがみられるようになる。青木遺跡のアワは橋本一丁田遺跡（96）とならぶ国内最古例である。山陽側は調査が進んでいないせいか、穀物（イネ）が出現するのは前九世紀になってからである。

〔四国〕　四国では前九世紀後半の夜臼Ⅱａ式併行期になって上郷遺跡（87）、阿方遺跡

（88）で、前八世紀前葉の夜臼・板付Ⅰ式併行期になると林・坊城遺跡（85）や東中筋遺跡（86）でイネやアワが出現する。

〔近畿〕　近畿最古の穀物の例は、前一〇世紀後半の山ノ寺・夜臼Ⅰ式に併行する兵庫県口酒井遺跡（66）出土土器にみられるイネの圧痕である。板屋Ⅲ遺跡と同時期の近畿（滋賀里Ⅳ式段階）では穀物の存在はまだ確認されていない。前八世紀前葉の板付Ⅰ式に併行する船橋式段階には大阪府宮ノ下遺跡（62）でキビ、船橋遺跡（64）でイネの圧痕が確認されている。

　前七世紀の弥生Ⅰ期中段階ごろではあるが、滋賀県竜ヶ崎A遺跡で出土した長原式の甕の底部内面にキビが炭化した状態で見つかっている。

　そして口酒井遺跡でコメが現れてから約二五〇〇年たった前七〇〇年ごろのⅠ期古段階になると灌漑式水田稲作が始まるのである。

〔伊勢湾沿岸地域以東〕　前九世紀後半の弥生早期後半併行期になると、伊勢湾沿岸地域でアワやキビの存在を確認できる。愛知県大西貝塚（52）や馬見塚《まみづか》F地点（56）でアワとキビがみられる。前八世紀になると中部高地や関東島嶼部にアワやキビがみられるようになる。長野県御社宮司遺跡（40）、女鳥羽川遺跡（38）、エリ穴遺跡（36）でキビ、そして東京都新島村田原遺跡でキビが確認されている。地図には載せていないが長野県石行《いしぎょう》遺跡のイネ籾痕土器は、土器自体が伊勢湾沿岸地域からの持ち込みだといわれている。壺形土器が増加するなどの現象もまだ見られない。

近畿（口酒井遺跡）よりも一段階遅れた前九世紀後半に穀物が伊勢湾沿岸地域以東の地域に広がったのは、おそらく前九世紀後半の弥生早期後半に、九州北部から突帯文土器の二条甕や夜臼系の壺が中四国・近畿に広がった影響なのかもしれない。

玄界灘沿岸地域とそれ以外の地域の生業構造のちがい

以上のように、前一〇世紀後半（早期前半）になると玄界灘沿岸地域において突如として灌漑式水田稲作が始まるとともに、中国地方では前代からの穀物栽培が継続していた可能性とともに、近畿でもイネの栽培が始まっていた可能性がある。前九世紀後半（早期後半）になると、四国でイネ、伊勢湾沿岸でもアワやキビの栽培が、そして前八世紀になると中国、四国でアワ、近畿でキビ、東海でアワやキビ、中部高地でキビ、関東島嶼部でキビの栽培が始まっていた可能性がある。

前一〇世紀後半に韓半島南部の後期青銅器文化人が渡来した玄界灘沿岸地域では、選択的生業構造のもとで青銅器文化の生産基盤である灌漑式水田稲作がおこなわれたのに対して、前一一世紀に奥出雲に始まった網羅的な生業構造のもとでの穀物栽培は、前九世紀後半から前八世紀前葉にかけて中・四国から関東島嶼部にかけての広範囲の地域で始まっていた可能性がある。

玄界灘沿岸地域における遼寧式青銅器文化複合の生産基盤たる灌漑式水田稲作と、それ以外の地域における網羅的生業構造のなかでのイネやアワ・キビ栽培のはじまりである。前者は青銅器文化人によって文化複合の一環として持ち込まれたのに対し、後者では縄文社会が自らの枠組みを崩さない範囲内で穀物を受け入れて栽培を始めた。

選択的生業構造をもつ青銅器文化複合のもとでは、水田稲作開始後、およそ一〇〇年たった前九世紀後半には環壕集落が出現して戦いも始まり、そして富める者は墓に副葬品を添えて葬られるなどの階層差が生じていることがわかるので、社会的側面に質的変化が起きていたことは間違いない。これは韓半島の遼寧式青銅器文化複合に内包されていた文化要素が、弥生社会において生産力が発展するとともにつぎつぎと発現したものであろう。そして前八世紀初頭に成立するのが無文土器とは似て非なる土器であり、弥生独自の水田稲作民の土器である板付Ⅰ式土器である。

一方、網羅的な生業構造のもとでおこなわれる穀物栽培では社会的側面が質的に変化することはなく、縄文晩期文化の伝統が祭祀的側面も含めて若干の変化を見せながらも脈々と受け継がれていくのである。土器の器種構成は変わらず、縄文土器としての姿を保持しているといえよう（谷口肇「かながわにおける縄文から弥生―土器はどのように変わったのか

—」『考古学講座』二〇一九）。

西日本の水田稲作開始と東北に穀物出現——前七世紀

西日本における水田稲作のはじまり

西日本でもっとも早く水田稲作が始まったのは太平洋に面した高知県田村遺跡（図32—91、以下図32の番号）や居徳《いとく》遺跡（92）と考える意見もある。時期は居徳遺跡で見つかった木製農具の炭素一四年代が板付Ⅰ式の炭素一四年代と同じ二五〇〇^{14}C BP台であったこともあり、板付Ⅰ式新段階に併行する前八世紀末（前期前葉）の可能性がある。

前七世紀になると西日本のほとんどの地域で水田稲作が始まったと考えられる。前六世紀後半（Ⅰ期中段階）の徳島市庄《しょう》・蔵本遺跡では、水田のほかにアワを栽培したと考えられる畝をもつ畑の跡が検出されている。

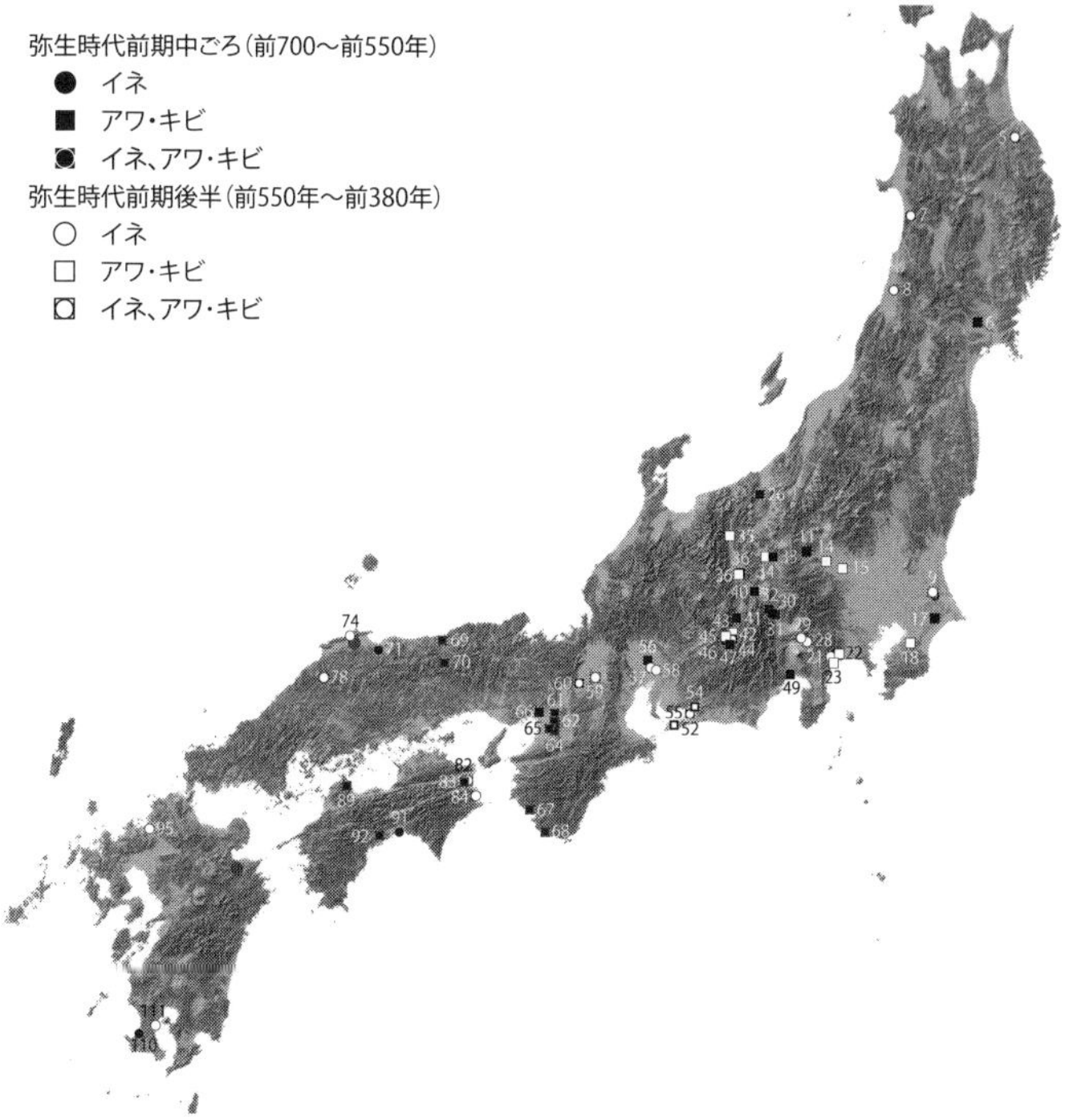

図32　弥生前期中ごろ〜後半の穀物の圧痕土器出土遺跡

採集狩猟民と水田稲作民との関係

西日本で水田稲作が始まったころに問題となるのが、在来の採集狩猟民と水田稲作民との関係である。近畿のほとんどの研究者は突帯文土器系の長原式土器を使っていた採集狩猟民と遠賀川系土器を使っていた水田稲作民との関係について様式差（時期差）と考えていたが、その理由は遠賀川系土器と長原式土器が共伴して出土する例がみられないことであった。

しかし四條畷市の讃良郡条里《さらぐんじょうり》遺跡（61）で待望の共伴例が確認された。また近畿の水田稲作開始期の土器付着炭化物を試料にAMS―炭素一四年代測定したところ、新しい様相をもつ長原式新と古段階の遠賀川系土器が同時期であることが証明されるや、両者は同時期に存在し、主な生業を異にする人びと、いわゆる住み分け説に賛同する研究者もようやく増えてきた。

また讃良郡条里遺跡から出土した土器のレプリカ調査の結果、興味深い調査結果も明らかにされている。遠賀川系土器にみられるイネとアワの圧痕比率は九：一であったのに対し、長原式土器にみられる比率は一：九だったことである（守屋亮『SEEDS CONTACT』、二〇一六）。土器の系統によって胎土中に含まれる穀物の種類に偏りがみられる事実から何が読みとれるのであろうか。

土器の系統と生業差

まず遠賀川系土器を使う人びとが水田稲作民であり、突帯文系土器である長原式土器を使う人びとがアワやキビを栽培する採集狩猟民であることである。前者は選択的な生業構造のなかで水田稲作をおこない、後者は網羅的な生業構造のなかで採集・狩猟・漁撈に加えてアワ・キビ栽培をおこなう人びとである。

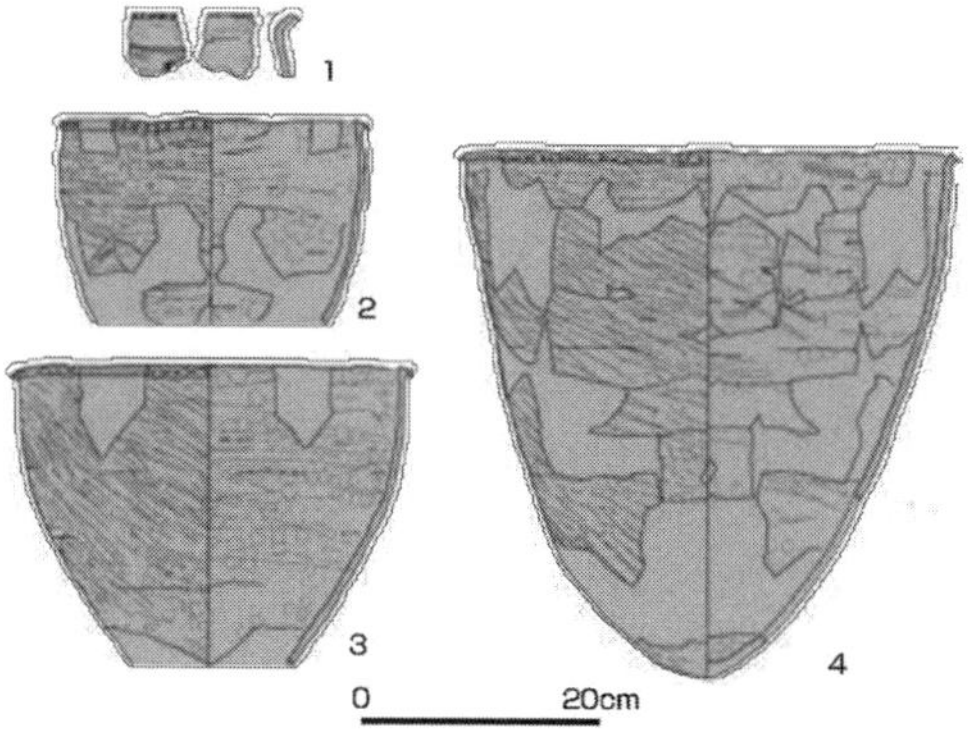

図33　鳥取平野の弥生前期土器
1：遠賀川系土器，2～4：突帯文土器（古海式）

先述したように前七世紀の滋賀県竜ヶ崎A遺跡では長原式の甕の底部内面にキビが炭化した状態で発見されている。

　また後者のまつりは縄文以来の土偶祭祀や石棒祭祀を継続していることから、伊勢湾沿岸地域の条痕文系土器を使う人びとと、出自や生業が同じ採集狩猟民と考えられる。

　なお鳥取平野にも、先述した古海《ふるみ》式とよばれる突帯文系土器（図33）を主とし、遠賀川系土器を従とする本高《もとだか》弓ノ木遺跡（69）がある。二四〇〇 ^{14}C BP台を中心とする炭素一四年代が測定されていて前期中ごろの板付Ⅱa式に併行する。較正暦年代では前七世紀前葉ということになるが、山口から鳥取にかけての日本海沿岸地域ではほぼ同時に水田稲作が始まっていたと考えられている。

突帯文系の甕が甕組成の九割以上を占めるという点では有明海沿岸地域と同じである。古海式も有明海沿岸地域の突帯文系甕も器形は同じ砲弾型だが、尖り底と平底という違いが認められる。

また同じく縄文系の突帯文土器を使う鳥取の在来（縄文）系弥生人と、同じ縄文系の条痕文系土器を使う三河地域の在来（縄文）系弥生人とは、水田稲作民と採集狩猟民という違いがある。このように弥生前期に突帯文系の甕を使っていても、生業は異なっていた人びとがいたことがわかる。はたしてこれらの人びとがもつ核ゲノムに違いがあるのかどうか、鳥取平野における水田稲作開始期の人骨のＤＮＡ分析が待たれる。

東日本における穀物栽培のはじまり

伊勢湾沿岸地域では前代に引き続いてイネの存在は確認されていないが、馬見塚式の段階には器種構成のなかで壺が安定的位置を占めるようになる。まだ一〇％以下で定型化しているとはいえないが変化の兆しをみることができる（永井宏幸「東海地域西部における縄文／弥生移行期の土器組成—壺形土器をかんがえる—」『農耕文化複合形成の考古学』下—農耕がもたらしたもの—、雄山閣、二〇一九）。

中部高地でもっとも古い穀物は前九世紀後半のイネだが、持ち込まれた可能性があるため除外すると、前七世紀の弥生前期中ごろ、離山・氷I式古段階になってから、広範囲にアワやキビの存在を確認できるようになる。ではアワやキビは実際に食されていたのだろうか。

前七世紀の長野県生仁《なまに》遺跡から出土した人骨の炭素・窒素同位体比を分析したところ、アワやキビなどのC_4食物が少量、食されていたことが確認された（設楽・近藤修・米田穣・平林大樹「長野県生仁遺跡出土抜歯人骨の年代をめぐって」『物質文化』一〇〇、二〇二〇）。ただそのタンパク質に対する量的な寄与率は二五％前後でまだ低いので、農耕文化複合の形成には至っていないと判断されている（米田・佐々木由香・中沢道彦「日本列島における低水準食料生産から農業への移行と農耕文化複合との関係―用語の整理と新たな展開―」『東日本穀物栽培開始期の諸問題』雄山閣、二〇二三）。

この段階になると、採集狩猟民が網羅的生業構造のもとで補助的に栽培していたと考えられ、すでに農耕文化複合の段階にはいったと考えられる。

関東南部・北陸・東海における穀物の実質的な出現

前七世紀ごろ、氷Ⅰ式（古）段階になると、関東北部や関東南部でアワやキビの圧痕土器が数多く見つかるようになるが、中部高地に比べると関東南部ではまだ遺跡の数が少なく、関東北部に比べてもイネの出現が遅れるという（設楽・高瀬克範「西関東地方における穀物栽培の開始」『国立歴史民俗博物館研究報告』第一八五集、二〇一四）。土器の器種構成にも変化はなく縄文土器の姿を保持したままの様相を示す。

北陸・東海でもアワやキビの圧痕土器がみつかるようになるが、やはり中部高地に比べるとその数は少ないという。調査頻度の違いなのかどうか、それとも別の理由があるのか、いずれ明らかにしたい。

伊勢湾沿岸地域の水田稲作開始と東日本の穀物栽培——前六世紀後半

伊勢湾沿岸地域で水田稲作開始

前六世紀後半、第Ⅰ様式中段階になると、西志賀遺跡（図32—57、以下図32の番号）や朝日遺跡（58）などの尾張で灌漑式水田稲作が始まる。基本的に知多半島を境に西の地域に限定され、東の三河地域や渥美半島では在来の採集狩猟民が引き続き採集・狩猟生活のかたわらアワやキビを栽培していた。なお、大西貝塚にはイネが存在していたようである。

「弥生時代の人びと」の章でもふれたように、条痕文系土器を使用する採集狩猟民は、縄文晩期以来続く第二の道具を引き続き使用する。水田稲作民のむらである愛知県松河戸《まつかわど》遺跡では、前五世紀にはいると、条痕文系土器や遠賀川系土器との折衷系土器が現れるとともに、縄文時代と同じ技法で作られ、形も同じ土偶と石棒が出土するようになる。土製人形など精神文化にも変化がうかがえる。人形は右手を上げ左手を腰に当てた姿勢で、たすき掛けを表現した衣服を着ている。

このように水田稲作民に在地的な要素が見られるようになることの背景には、水田稲作民と在来の採集狩猟民との混血が想定されているため、人骨のDNA分析が必要である。

中部高地・関東南部・東海の網羅型農耕の継続

前六世紀後半の板付Ⅱb式に併行するⅠ期中段階になると、中部高地ではひきつづき網羅的生業構造のもとでの穀物栽培が継続するほか、出遅れていた中部高地や関東南部でもイネが出現するとともに、穀物の同定数が一気に増えることから、穀物栽培が定着した可能性が高いと考えられている（遠藤英子「関東地方の弥生農耕」『農耕文化複合形成の考古学』上―農耕のはじまり―、雄山閣、二〇一九）。

この時期の網羅型農耕の実態を示す事例として佐々木由香の研究がある。佐々木が調べた森林資源の利用パターンによると、前六世紀頃のⅠ期中段階に比定される神奈川県中屋敷遺跡ではイネ科穀類を導入していても、森林資源の利用形態はクヌギ節などを利用するなど縄文時代の資源利用の体系を継続していた可能性があるという（佐々木「日本列島における初期農耕文化の特質」『季刊考古学』第一三八号、二〇一七）。

また土器の器種構成も依然として変化がなく縄文土器の姿を保持しているという。すなわち一遺跡から大量の炭化米が見つかっていても、まだ質的な変化をみることはできない。

東海でもイネが出現することを確認できる。西から東海系の条痕文土器、特に大型の貝殻条痕壺が導入されるとともに、北から東北系の変形工字文土器などが南下してくるとのことである。全体としては壺と甕が主な器種となる器種構成に変化していきながら、文様にもあまり時間をかけなくなるなど、土器づくりに対する丁寧さや入念さに欠けてくるようだ（前掲谷口論文）。

東北に穀物出現

東北でもっとも古い穀物の証拠であるアワの圧痕土器が、Ｉ期古段階に併行する宮城県北小松遺跡（６）で見つかっているが、数が増えるのは前六世紀後半のＩ期中段階で、しかも見つかるのはイネの圧痕土器だけである。今のところアワやキビの圧痕土器は見つかっていない。

関東・中部高地の水田稲作以前の特徴

関東南部や中部高地において水田稲作以前におこなわれていた穀物栽培の実態こそ、筆者は研究史にいう突帯文土器以前の縄文晩期農耕として想定されていた内容に近いのではないかと考えている。後・晩期農耕の主な舞台であった九州では穀物の存在自体がレプリカ法によって否定された結果、九州北部ではアワやキビの栽培段階をへることなく定型化した灌漑式水田稲作が突然、始まっていたようにみえる。このように水田稲作の前段階として網羅的生業構造のもとでおこなわれるアワ・キビ段階がある場合と、前段階がなく最初から水田稲作が始まる場合の違いは何を意味しているのだろうか。

最初から完成されたものが突如として出現する姿は、その地で発展段階的に定型化したものではなく、外から完成されたものが持ち込まれる場合が多い。九州北部や関東南部の水田稲作がこれに相当する。

九州北部のこのようなあり方に対して、中部高地や関東南部でみられるのは前八世紀にキビが出現し、それが前四世紀前葉までの五〇〇年間、網羅的生業構造の枠を崩さないまま次第に拡大していくという発展段階的な農耕の定型化過程であった。これこそ研究史的な縄文後・晩期農耕のプロセスに近く、設楽のいう農耕文化複合が形成されていく過程と重なってみえるのは筆者だけであろうか。

前三世紀の中期前半に始まる農耕文化複合が自立的に発展しても、前三世紀中頃の神奈川県中里遺跡にみられるような選択的な生業構造をもつ灌漑式水田稲作が自立的に始まることはない。西日本の青銅器文化複合が移住者によってあらたに持ち込まれることで、中里遺跡にみられるような定型化した灌漑式水田稲作が始まるのである。選択的生業構造のなかで水田稲作を生産基盤にした、方形周溝墓、環壕、独立棟持柱をもつ祭殿からなる文化複合体である。

網羅型農耕から選択的農耕への変化に伴う樹種の変化

前三世紀中ごろ、中期中葉段階になると関東南部の各地で水田稲作が始まるようだが、そのあり方は二つにわかれるようである。一つは前代から続く網羅的な生業構造のなかにおける穀物栽培、そしてもう一つが選択的な生業構造のもとでおこなわれた水田稲作である。

後者では森林資源の利用がクヌギ節からイチイガシへと代わるという。墓制でも再葬墓と方形周溝墓がモザイク状に併存するという状況が、二つの生業構造の存在を反映している（石川日出志「東日本弥生文化の変革」『東国弥生文化の謎を解き明かす―佐倉市岩名天神前遺跡と再葬墓の時代―』佐倉市岩名天神前遺跡公開シンポジウム予稿集、二〇一七）。

東北北部の水田稲作開始――前四世紀前葉（前期末）

前四世紀前葉、Ｉ期新段階になると、神奈川県中屋敷遺跡（図32―21）に代表されるような、水田でイネを、畑でアワ・キビを栽培する農耕が、網羅的な生業構造のなかに組み込まれたものと考えられる

関東・中部高地・東海・北陸

（図34）。土器の器種構成は、深鉢形が激減して口縁部が外側に開く甕形土器がメインになるとともに、浅鉢が減少するなど縄文的な器種の衰退である（前掲谷口論文）。以後、三〇〇年あまりかけて徐々に縄文的器種組成から弥生的器種組成へと変化していくのである。

中部高地でも網羅型農耕が継続し、新潟や石川にはコメの圧痕土器が、中期初頭になると静岡でもコメの圧痕土器が出土する。

図34　弥生前期末ごろの穀物の圧痕土器出土遺跡

前六世紀後半の第Ⅰ様式中段階に伊勢湾沿岸地域まで到達した水田稲作が次に始まるのは、前四世紀前葉の東北北部である。

東北北部における遠賀川系土器と穀物の出現

ただそれ以前、前六世紀中ごろ、Ⅰ期中段階に併行する大洞A′期には、遠賀川系土器が東北北部へ到達していたことがわかっている。超大型の遠賀川系の壺が、岩手県大日向Ⅱ遺跡において大洞A′式に伴って出土した。削り出し突帯をもつことからⅠ期中段階併行であることは間違いないという。ということは、水田稲作が伊勢湾沿岸地域で始まった頃には、すでに遠賀川系土器が東北北部の南端まで到達していたことを意味する。しかも最初に水田稲作が始まる日本海側ではない、岩手県の内陸部にである。では穀物自体は東北北部にいつごろ出現するのであろうか。

青森県畑内遺跡（図32—5、以下図32の番号）ではイネの籾が着いた土器が見つかっているが、大洞A′なのか、砂沢式なのか意見の一致をみていない。もし前者であれば東北地方最古のコメの証拠となる。秋田県地蔵田《じぞうでん》遺跡（7）や山形県生石2遺跡（8）でも前期後葉とされるイネの圧痕土器が見つかっている。また東北地方で唯一の存在であるアワの圧痕土器が宮城県北小松遺跡（6）で見つかっている。時期は弥生前期中ごろの板付Ⅱa式に併行する大洞A式に比定されている。

岩手県域でイネ籾の圧痕土器が出現するのは弥生中期というので、やはりヤマセの影響で初夏の気温が低いことがイネの進出が遅れる原因なのであろうか、日本海側に比べてかなり遅れることは確かなようである。このように遠賀川系土器と水田稲作では、伝わり方の実態が異なっていると考えられる。

水田稲作のはじまり

東北北部でもっとも早く水田稲作が始まるのは日本海側の津軽地域である。代表的な遺跡である弘前市砂沢遺跡（図34―1）は、Ⅰ期新段階に併行する前四世紀前葉に水田が出現するが、現状ではそれ以前（大洞A′段階）の津軽地域に穀物が存在した証拠はレプリカ法によっても得られていないそうである。つまり、東北北部ではアワやキビといった穀物の栽培をへずに、いきなり水田稲作が始まった可能性がある。

砂沢遺跡でおこなわれていた水田稲作を要素ごとにみてみると、生業面では水田を選択しただけで、それ以外はほとんど縄文晩期から続く既存の道具を駆使している。木製農具はみられず、石庖丁ではなく剥片石器で穂摘み（収穫）をおこなっている。杭や矢板を駆使した用水路や畦畔を設置することなく、高低差を利用した自然の水の流れを利用して用水する。石材の供給体制も縄文晩期と変わっていない。

社会面や祭祀面となると弥生的な要素は完全に欠落して、逆に縄文時代のまつりであった土偶祭祀を継続するとともに、独鈷石《どっこいし》などの第二の道具が豊富に受け継がれている。また水田稲作をおこなう本州・四国・九州のなかでも、唯一、土偶祭祀を継続する地域である。水田稲作を始めても石棒祭祀が一定期間続く大阪湾沿岸や四国東部とはまた異なる縄文文化の精神的な伝統のもとにあったことがわかる。

また可耕地を拡大しようと思えば広げられるだけの空間に隣接しながらも、わずか十数年、耕作しただけで水田を放棄してしまうなど、人口増加に伴う拡大再生産を志向する西日本的なあり方をみせることはないと考えられていたが、近年の調査で、前四世紀後半（中期初頭）のⅡ期に近隣で水田稲作がおこなわれていたことがわかってきた。稲作を始めたことによって増加した人口を維持していくための可耕地を砂沢の地以外に求めたのかもしれない。気候は「水田稲作開始期の気候」の章で述べたように、稲作開始後、二〇〇年以上にわたって水田稲作に適した気候が続く。

列島各地の穀物開始期の特徴

網羅的生業構造から選択的生業構造へ

以上、列島各地で穀物がどのように現れるようになるのかをみてきた。前一一～前一〇世紀（縄文時代晩期末～弥生時代早期前半）の西日本に出現したコメ・アワ・キビなどの穀物は、当初、網羅的な生業構造のもとで栽培されるが、穀物栽培を生活の基本とする生活が始まるのは、選択的な生業構造のもとでおこなわれた灌漑式水田稲作が始まる次の弥生時代を待たなければならなかった。

四つの道のり

北海道と南西諸島以南の地域を除けば、基本的に灌漑式水田稲作を継続して現在に至るが、弥生時代だけをとってみても、その道のりは一様ではなかった。だいたい、四つの道のりにわけることができるだろう。

〔A　突然はじまる灌漑式水田稲作―九州北部玄界灘沿岸地域―〕

韓半島南部から持ち込まれた遼寧式青銅器文化の生産基盤として始まった灌漑式水田稲作で、九州北部玄界灘沿岸地域でおこなわれた。アワやキビを網羅的な生業構造の枠内で栽培する穀物栽培は、今のところこの地域で基本的にみることはできないので、最初から選択的な生業構造のもとで水田稲作をおこなう地域である。この地域では前七世紀以降、銅剣の破片を再利用した刃物が使われているほか、前四世紀後半に武器形祭器を象徴とする韓半島青銅器文化が花開く。

〔B　穀物栽培ののち灌漑式水田稲作―西日本・伊勢湾沿岸地域―〕

九州北部玄界灘沿岸を除く西日本～中部日本でおこなわれた灌漑式水田稲作で、伊勢湾沿岸地域以西の西日本が該当する。アワ・キビ栽培を網羅的な生業構造のもとで二五〇～四五〇年ほどおこなったあと、Aの地域から持ち込まれた青銅器文化複合の生産基盤たる水田稲作の導入によって前七～前六世紀後半にかけて灌漑式水田稲作が始まる。この地域でも前四世紀後半に、銅鐸や武器形祭器などを祭器とする青銅器文化が花開き、灌漑式水田稲作はその生産基盤として位置づけられる。

〔C　穀物栽培ののち農耕文化複合をへて灌漑式水田―中部高地・関東―〕

前八世紀以降、五〇〇年あまりにわたって網羅的生業構造のもとで穀物を栽培し、Ⅲ期以降、農耕文化複合として社会や祭祀にも漸進的な変化が進む。前三世紀中ごろ（Ⅲ期）に、Bの東海～近畿にかけての地域から青銅器文化複合が持ち込まれることにより、西日本の青銅器文化の生産基盤としての灌漑式水田稲作が始まる。青銅器自体は断片的だが、環壕集落や方形周溝墓などの社会的側面は水田稲作の開始とほぼ同時に現れている。おそらくすでに社会的・祭祀的側面が質的に転換していた人びとが持ち込んだのであろう。神奈川県池子《いけご》遺跡で見つかった渡来系弥生人の女性の存在は、外来の人びとがいたことを物語っている。

水田稲作の開始とほぼ同時に環壕集落や方形周溝墓が出現するのはこの地域だけである。BやCの特徴は、網羅的生業構造のもとでアワ・キビ、コメなどを数百年にわたって栽培していても、自立的に選択的な生業構造のもとでの水田稲作をおこなわなかった点である。すなわち、農耕文化複合が青銅器文化複合へと転換することはなかったと考えられる。

〔D　Cが農耕文化複合のまま灌漑式水田―利根川以北―〕

Dは利根川以北で始まった灌漑式水田稲作で、青銅器文化とは無関係に農耕文化複合の生産基盤として始まる水田稲作である。西や南からの移住者の存在は現状、はっきりしないものの、木製農具などに関東南部からの影響がみられるという。拡大再生産など経済的側面の発展をみることはできるが、社会的側面や祭祀的側面に質的変化が顕著に現れることはなく古墳時代へと移行した地域である。気候変動や天変地異があろうとも水田稲作をやめることはないが、夏のやませなどの影響による生産性の低さは如何ともしがたく、社会的側面の変革までは時間を要したのであろうか。質的変化を遂げないまま古墳社会に移行した地域である。

東北北部もDに含まれるが、祭祀的側面にきわめて強い縄文の伝統を受け継いでいる点や、前一世紀前葉の気候変動の影響を受けることで水田稲作を放棄してしまう点が異なっている。

青銅器文化複合の生産基盤として位置づけられた灌漑式水田稲作といえるのは三番目の中部高地・関東南部までで、Dは東北北部を除き農耕文化複合の生産基盤として位置づけられた水田稲作のまま古墳社会へと移行したと考えた。

水田稲作のはじまりを単なる生産経済のはじまりとして経済的側面だけで捉えるのではなく、青銅器文化の生産基盤として始まったのかどうかを考えることによって、西日本における前四世紀前葉（前期末）以前の約六〇〇年間を、初期青銅器時代として捉えることが可能となる（「弥生時代前半期の文化」の章）。

弥生時代前半期の文化

初期青銅器文化の提唱

弥生式文化は新石器文化か金属器文化か

金石併用期から石器文化へ

一九六〇年代以降、弥生時代はその当初から石器とともに鉄器を使用していた金石併用時代（初期鉄器時代）として認識されるようになり、水田稲作の開始とともに鉄器の使用が始まる世界で唯一の先史文化と位置づけられた。しかし、二一世紀になって水田稲作の開始年代が前一〇世紀後半までさかのぼることにより、弥生早期から前期末までのほぼ六〇〇年間は、金属器がない石器時代であることが明らかになった。

これをふまえて森岡秀人は弥生時代を三つにわけ、もっとも古い段階の前期末以前を「新石器弥生時代」として設定した（森岡「弥生時代の中にみられる画期」『季刊考古学』一〇〇、二〇〇七）。この説に対して筆者は、縄文時代の後半がすでに今村啓爾によって森林性新石器文化（今村『縄文の実像を求めて』吉川弘文館、一九九九）として位置づけられている以上、少なくとも定型化した灌漑式《かんがいしき》水田稲作をおこなっている弥生時代の前半期に「新石器」という用語を冠することはできないと考えた。そして縄文時代から弥生時代への転換を、堅果《けんか》類などをメジャーフードとする森林性新石器文化から、草原性の種子であるコメをメジャーフードとする草原性新石器文化への転換と考える説を発表した。

その後、設楽博己らによるレプリカ法を使った縄文・弥生土器の悉皆《しっかい》調査によって、九州の玄界灘沿岸地域を除く西日本から東日本にかけての地域では、縄文晩期最終末から弥生中期前半までの間、アワやキビの栽培を網羅的な生業構造のなかでおこなう段階が、灌漑式水田稲作の前段階に存在することが確実になった。こうした段階設定は理論的には想定されてきたものの、はじめて実証的に証明されたのである。するとアワ・キビ栽培と灌漑施設を備えた水田で稲作をおこなうことを、網羅的か選択的かといった生業構造のなかだけに位置づけて区別するのでは、十分ではないと考えるにいたったのである（藤尾「弥生長期編年にもとづく時代と文化」『再考！　縄文と弥生―日本先史文化の再構築―』吉川弘文館、二〇一九）。

そこで、九州北部玄界灘沿岸地域の水田稲作が遼寧式《りょうねいしき》青銅器文化の生産基盤として始まっていることを重視して、この地域の水田稲作開始段階を「初期青銅器時代」として位置づけることにより、縄文的生業構造の延長線上で栽培することが可能なアワ・キビを対象とした穀物栽培とは一線を引くことにしたのである（「「初期青銅器時代」の提唱—鉄器出現以前の弥生時代—」『国立歴史民俗博物館研究報告』第二三七集、二〇二二）。さらに網羅的生業構造におけるアワ・キビ栽培が、自立的に選択的生業構造における灌漑式水田稲作へ移行することはないとも考えている。

理由は、設楽のいう農耕文化複合によってアワ・キビ栽培を補助的におこなっていた中部高地や関東南部で、前三世紀中ごろに灌漑式水田稲作が始まる時の様相をみていると、水田稲作と同時に環壕《かんごう》集落や方形周溝墓、独立棟持柱《むなもちばしら》付祭殿など、農耕社会が成立していることを示す社会的・祭祀的側面も含めた西日本の青銅器文化複合の存在をみることができるからである。

これは農耕文化複合だった地域に、あらたな文化複合である西日本の青銅器文化複合が、移住者、つまり渡来系弥生人によって持ち込まれたことを示している可能性が高い。

本書を閉じるにあたってこの章では、西日本の青銅器文化複合について述べた後、本州・四国・九州の水田稲作文化を、経済的側面だけでくくって弥生文化のなかの多様性として捉えるのではなく、社会面や祭祀面も含めた複数の側面で総合的に捉えることで、日本の水田稲作文化の特徴を捉えることができることについて考えてみたい。

まずは本節で森本六爾《ろくじ》から森岡秀人までの研究者が、弥生文化と世界の先史文化の定義である新石器・青銅器・鉄器文化との関係をどのようにみていたのかを整理する。次節で前四世紀以前に鉄器が出現する以前にみられる遼寧式青銅器文化の生産基盤である水田稲作文化、前四〜前三世紀の韓半島青銅器文化の生産基盤である水田稲作文化について述べたあと、青銅器文化のない地域の水田稲作文化の特徴を指摘する。

青銅器文化か否か
―森本・山内論争―

弥生式土器と金属器との関係は、一九三〇年代におこなわれた森本六爾と山内清男《すがお》との論争をみるとわかりやすい。

小林行雄が近畿でもっとも古い前期の弥生式土器として安満B類土器を設定して以降、弥生時代は石器と鉄器が併存する金石併用段階として位置づけられる。

しかし弥生式土器と青銅器との関係について、森本と山内の評価は大きくわかれた。森本は青銅器が中国からの伝播によってはじめて弥生式土器の時代に現れることを重くみて、弥生式時代はトムセンのいう青銅器時代に相当すると考えた（森本編『日本青銅器時代地名表』岡書院、一九二九）。弥生式土器の時代の青銅器文化は、漢の青銅器文化圏外に属してはいたものの、ヨーロッパや西アジアのように武器や工具などの利器として存在するのではなく、漢と同じく礼器や祭器として存在したことを最大の特徴と考えた。

山内は青銅器が弥生時代には利器として使われていなかったことの方を重視して、青銅器時代にはあたらないと考えている。

両者の違いは、経済的側面に関する弥生式土器の時代の考え方にもみることができる。水田稲作という農業は弥生式土器の時代においては支配的な生産手段であったと考え、社会現象も農業が経済的に支配したと認められるべきとした森本（「農業の起源と農業社会」『考古学評論』一―一、一九三四）に対し、農作物を主とする生産経済段階は古墳時代になって始まると考える山内（「日本遠古之文化（五）」『ドルメン』一―八、一九三二）では大きくすれ違っていた。

結局、一九三八年から始まった奈良県唐古《からこ》遺跡の調査で、弥生式土器の時代に本格的な水田稲作がおこなわれていたことが確かめられるまで決着がつくことはなかった。唐古遺跡の調査では、弥生式土器の時代が金石併用期であったことは確認されたが、弥生式時代の当初から金石併用期だったかどうかは確認できていない。

弥生式時代の当初から金石併用期

最古の弥生式土器に鉄器が伴うことが発掘によってはじめて確かめられたのは、一九五〇年代におこなわれた熊本県齋藤山貝塚の調査である。もっとも古い弥生式土器である板付Ⅰ式土器に伴って鉄器が出土したと報告されたこともあって、弥生式文化は農業の開始と鉄器の使用開始が同時である世界で唯一の先史文化として位置づけられた。

ただ弥生式時代の当初にみられる鉄器は、クワやスキのような農具や開墾具ではなく、ヤリガンナや斧などの工具類や、矢尻《やじり》など小形の武器に留まっていたため、実体は本格的な鉄器時代というよりも初期鉄器時代の方が近かった。

それでも一九六〇年代の後半から相次いで出版された考古学関連の概説書において、弥生式時代は、当初から農業と鉄器が使用されていた世界で唯一の先史時代として記述されることになる。そして弥生式時代の経済的側面を重視する姿勢をみせたのが佐原真である。

佐原真のパラダイム転換

土器を基準にした技術史的区分であった弥生式土器の時代や文化を、農業という経済的側面で縄文時代と区分したのが佐原真である。佐原は、「日本で食糧生産を基本とする生活が始まった時代」、「農業の開始や金属器の使用が始まってから階級社会が成立する時代」を弥生時代、その時代の文化や土器を弥生文化・弥生土器と定義した（佐原「農業の開始と階級社会の形成」『岩波講座日本歴史』原始・古代1、岩波書店、一九七五）。縄文時代と弥生時代をわけていた土器という窯業史による時期区分から脱却したのである。

同時に佐原は縄文時代から弥生時代への転換を、食糧採集段階から食糧生産段階への転換と位置づけることでG・チャイルドのいう新石器革命に相当すると理解していたが、弥生時代は新石器時代と初期鉄器時代双方の要素をあわせもっていたので新石器革命とは別物であった。

弥生文化が当初から西アジアの新石器時代と鉄器時代双方の要素をもつにいたった要因は、すでに鉄器時代へはいっていた秦・漢を中心とする東アジア文明圏のもっとも外側の世界において始まった文化だからと理解された。

いずれにしても農業の開始と鉄器の使用開始が同時であるという時代認識は、その後、六〇年あまり続いたのである。

弥生時代の当初に鉄器はなかった

歴博が九州北部で水田稲作が始まったのは前一〇世紀後半であるとの説を二〇〇三年に発表した当初、鉄器は前一〇世紀後半説が間違っていることを示す有力な証拠とされた。前一〇世紀の中原《ちゅうげん》にもない人工鉄である鍛造《たんぞう》鉄器が、同じ時期の辺境の地である九州北部（曲り田遺跡）にあることはありえない。この時期の中原に存在していたのは、隕鉄《いんてつ》製の鉄を叩いて延ばすことによって青銅製武器のパーツとして部分的に用いられる鉄だったからである。

こうした批判を受け、当時、弥生早・前期の鉄器として知られていた三〇数点の鉄器の出土状況を、春成秀爾（「弥生時代と鉄器」『国立歴史民俗博物館研究報告』第一三三集、二〇〇四）や設楽（「AMS炭素年代測定による弥生時代の開始年代をめぐって」『歴史研究の最前線』一、総合研究大学院大学・国立歴史民俗博物館、二〇〇四）が詳細に検証した結果、前期末の二点を除いて土器との共伴関係が明確でなく、時期を特定できないことが明らかになる。

すなわち、前四世紀前葉（前期末）以前の日本列島に鉄器が存在することを証明できる考古学的な証拠はないことが明らかになったのである。こうした検証によって、弥生土器にはその当初から鉄器が伴うという考え方は否定され、弥生土器には鉄器が伴わない前期後半以前の土器と、鉄器が伴う前期末以降の土器の二つがあることになる。すなわち弥生時代の前半は鉄器のない石器時代、後半は石器に鉄器が伴う初期鉄器時代として再認識されることとなった。

森岡秀人の「新石器弥生時代」の提唱

鉄器をめぐる大転換に素早く対応したのが森岡秀人である。森岡は二〇〇四年には早くも世界史的観点から、弥生時代の年代観の見直しの動きに触れ、弥生時代という時代設定が、現実にそぐわなくなっていることを指摘している（森岡「農耕社会の成立」『日本史講座』一、東京大学出版会、二〇〇四）。

二〇〇七年には利根川以南の地域を対象に、弥生時代を三つの段階にわける案を示している。前期の農耕社会発展期、中期の「真正弥生時代」、後期の政治社会化する時期（古墳前史）である（森岡「弥生時代の中にみられる画期」『季刊考古学』一〇〇、二〇〇七）。

つづく二〇〇八年には、弥生時代の武器の材質に着目して、弥生時代の武器を打製・磨製の石器文化単純期と、鉄器の浸透期の二つにわけた（森岡「用語「弥生式石器時代」の学史的復権と武器の材質」『王権と武器の信仰』同成社、二〇〇八）。石器文化の単純期とは、石製武器しかない段階のことであり、鉄器の浸透期とは矢尻などに鉄器化の動きが始まる段階以降のことである。

「新石器弥生時代」の語源は、角田文衞の「弥生式石器時代」（角田「弥生時代の時代区分」『古代学』八―三、一九五九）にあり、その意味は、新石器時代の下限は弥生時代に突入しても閉塞せず自然に継続しているという意味である。森岡は角田の「弥生式石器時代」を「新石器弥生時代」として復権させたのである。

こうした森岡の時代認識自体は賛同できるものの、弥生時代早・前期における弥生灌漑式水田稲作を、縄文時代から閉塞せずに自然に続く新石器文化段階の延長線上にあると認識することについては検討の余地があろう。

鉄器が出現する前四世紀前葉までのおよそ六〇〇年間続いた水田稲作の時代は果たして新石器文化段階に相当するのであろうか。それとも別の段階にあたるのであろうか。検証してみよう。

弥生文化の実態 ―鉄器出現以前―

まず筆者は、鉄器が出現する前四世紀前葉以前の弥生早・前期を、前九世紀後半以前と以後の二つにわけて考えている（藤尾「弥生長期編年にもとづく時代と文化」『再考！縄文と弥生』吉川弘文館、二〇一九）。

規準は社会的側面の質的変化である。すなわち前九世紀後半には環壕集落が成立したり戦いが始まったり格差が顕在化したりするなど、社会的側面に質的な変化が表れるからである。その後の変化を時系列で追ってみよう。

前九世紀後半以前 ―経済的側面の質的変化―

前一〇世紀後半に始まった灌漑式水田稲作によって、縄文時代以来続いた森林性新石器文化は終了して、灌漑式水田稲作という生業に特化し、選択的生業構造のもとでおこなわれるようになる。これを草原性新石器文化（選択型）とよぶことで、縄文晩期以前の森林性新石器文化（網羅型）と区別することにした。

前九世紀後半以降 ―社会的側面の質的変化―

社会が質的に変化した前九世紀後半以降も石器は利器の基本でありつづけるが、前八世紀末葉（前期前葉）になると青銅器の破片を加工したものが出土するようになる。福岡県今川遺跡で見つかった遼寧式銅剣の破片を再利用して作った銅鏃《どうぞく》や、北九州市徳力遺跡で見つかった遼寧式銅剣の基部などは、当時の韓半島でおこなわれていたのと同様、破損した遼寧式銅剣の破片の再利用である。前四世紀前葉以降にみられるようになる鋳造《ちゅうぞう》鉄器の破片を再利用して木製容器の細部加工用として使う段階ほど大がかりなものではないにしても、石器の補助として金属の破片を再利用するという点では質的に同じと考えてよい。

遼寧式青銅器文化段階の韓半島南部社会と、朝鮮海峡を介して隣接する九州北部玄界灘沿岸の社会に、同じ価値観や規定を共有する人びとが存在した可能性は十分に考えられる。たとえば前九世紀後半に比定される福岡市雑餉隈《ざつしょのくま》遺跡で見つかった木棺墓に副葬されていた磨製石剣と磨製石鏃の組み合わせや遺体への添え方などは、まさしく同時期の韓半島南部でおこなわれていた副葬のあり方と同じだったことからも、数百年にわたって両地域には共有された規範の存在がうかがわれる。

前六世紀中頃―遼寧式から朝鮮式青銅器文化複合へ―

韓半島南部では弥生前期後半に併行する前六世紀後半頃から、多《た》鈕《ちゅう》粗《そ》文鏡《もんきょう》と古式細形銅剣を象徴とする朝鮮式青銅器文化が出現する。武末純一の朝鮮青銅器文化二期に相当（「弥生文化と朝鮮半島の初期農耕文化」『古代を考える　稲・金属・戦争』吉川弘文館、二〇〇二）するが、この段階の青銅器は日本では見つかっていない。

しかし、福岡市比恵遺跡で見つかった前六世紀後半に比定された木製の剣は、遼寧式銅剣を模したものとする意見もあることから、木剣を使った模擬戦などの儀礼がおこなわれていた可能性を意味している。すなわち朝鮮青銅器文化二期に相当する青銅器が出土していないとはいえ、九州北部玄界灘沿岸地域では、儀礼（模擬戦）、実用（破片の再利用）の両面にわたって前段階の青銅器が何らかの役割を果たしていたと考えられるのである。

前四世紀前葉以降

九州北部玄界灘沿岸地域に鋳造鉄器が出現する直後の前四世紀後半（中期初頭）になると、多鈕細文鏡と銅剣・銅矛・銅戈を象徴とする武末の朝鮮式青銅器文化三期の青銅武器が九州北部にも出現する。また近畿を中心とした地域には銅鐸を象徴とする朝鮮式青銅器文化三期文化が出現する。ただ九州北部とは異なり有力者の墓に副葬品として入れられることが認められていない社会のため、副葬品として銅鐸をみることはできない。

韓半島の円形粘土帯土器と燕系の鋳造鉄器を指標とする初期鉄器時代のはじまりであり、森岡の「真正弥生時代」に相当する段階である。ただ鉄器が細部加工用の補助具の域を脱するのは、鍛造鉄器が本格的に導入されるようになる前二世紀まで待たなければならない。

以上のように、石器が主流でわずかに青銅器の再加工品が存在する段階が前期末までの数百年も続いた弥生早・前期とは、世界史的にどのような時代だったのであろうか。

新石器時代と初期鉄器時代の間

森岡が新石器弥生時代とした段階は、世界史的に何時代に相当すると考えればよいだろうか。西アジアや中国における青銅器時代が国家形成期にあたり、また文字も使われていることを考えると青銅器時代とするのは妥当ではない。

文明の中心から遠く離れた地域の文化

しかし、灌漑式水田稲作が始まってから鉄器が出現するまでの六〇〇年あまり、遼寧式青銅器文化圏や朝鮮青銅器文化二期段階にあった韓半島南部と海を挟んで隣接し、その影響で破片とはいえ青銅器が存在し、また副葬品の添え方まで規範を共有していることを考えると、新石器時代相当というのも違和感がある。

前四世紀前葉の初期鉄器時代以前に中国を盟主とする東アジア青銅器文化圏のもっとも

外側の世界に隣接する、九州北部玄界灘沿岸地域で花開いた文化として、新石器文化よりも歴史的に一歩進んだ段階が存在していた可能性がある。かといって先述したように国家形成期にある青銅器文化に及んでいるわけではない。どこかに参考にできる文化はないだろうか。まずは韓半島青銅器文化との違いを見てみることにしよう。

韓半島青銅器文化—早期—

東アジア青銅器文明圏のもっとも外側にある韓半島の青銅器は、江原道アウラジ遺跡など前一四世紀までさかのぼっているが、早期に相当する前一五世紀までさかのぼる青銅器はまだ見つかっていない。青銅器が見つかっていないのに青銅器時代と定義されている理由は、青銅器時代がそもそも韓半島南部において本格的な畑作農耕が始まった段階を指標に設定されたからであろう（図35）。

その畑作農耕とは、数ヘクタールもある畝だてをもつ広大な畑でアワ・キビ・マメ・コメ・ムギなどの作物を育てる大規模なものである。大陸系磨製石器や石庖丁も備えている。もちろん、日本ではこのような大規模な畑作農耕を弥生初期にみることはできない。

遼寧式青銅器文化前期

遼寧式銅剣の出現（前一二世紀）と灌漑式水田稲作の始まる段階（前一一世紀）である。武末の朝鮮青銅器文化一期に相当する。遼寧式銅剣を副葬品としてもつ有力者の墓は前一二世紀の京畿《キヨンギ》道広州《クワンジユ》や忠清北道《チユンキヨンポクドウ》清州《チヨンジユ》鶴坪《ハッピヨン》里《リ》遺跡などで見つかっているので、青銅器をもち階層社会のトップに位置づけられ

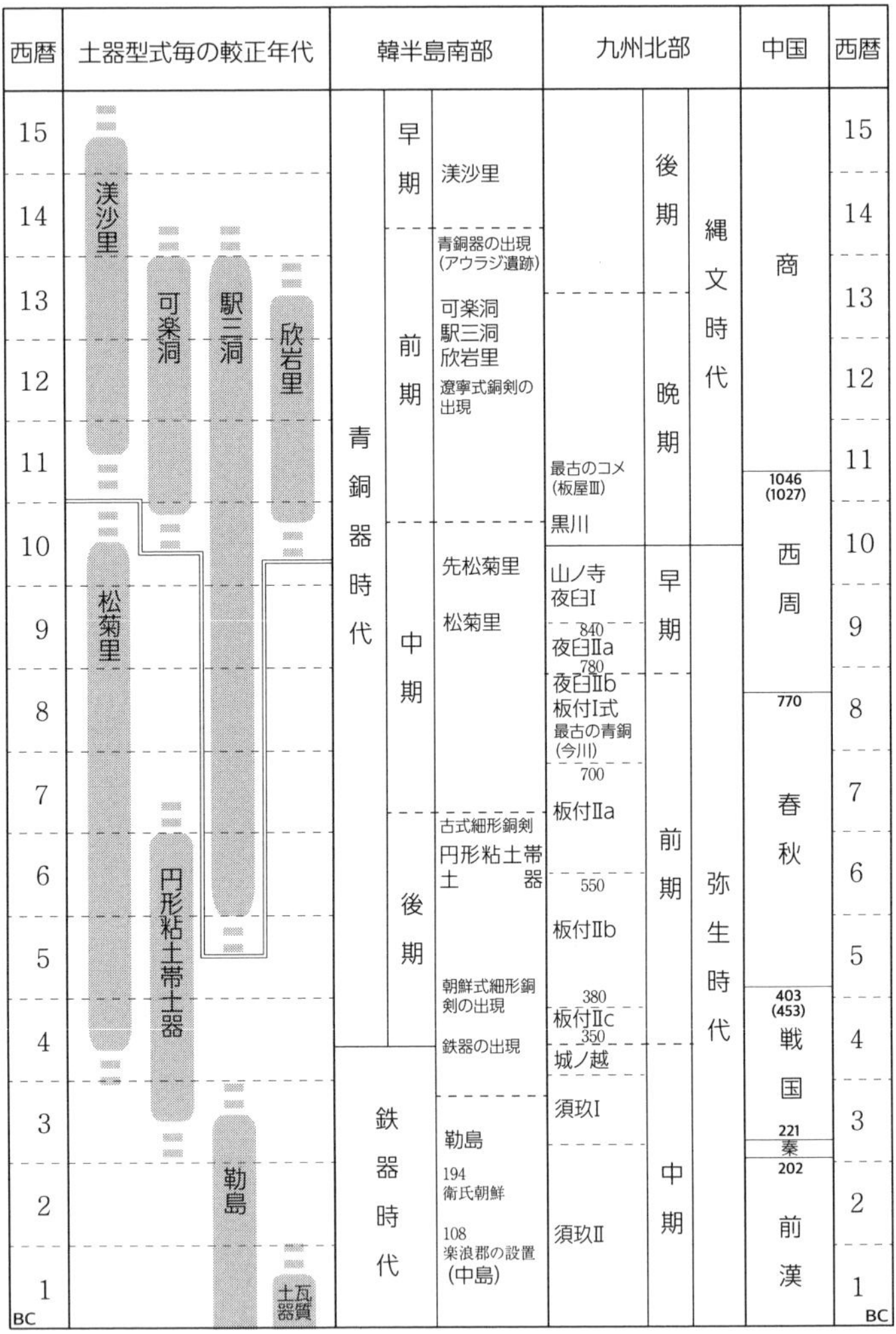

図35　韓半島青銅器時代と弥生時代との併行関係および暦年代（李昌熙2017より）

る有力者が形成されると同時に、遼寧式銅剣を保有しない層も存在して、すでに階層化している可能性がある。もちろん日本にはまだ遼寧式銅剣を保有するクラスの人びとが葬られた墓は見つかっていない。

韓半島青銅器文化後期―灌漑式水田稲作の拡散―

遼寧式青銅器文化人が前一〇世紀後半段階に、灌漑式水田稲作を九州北部玄界灘沿岸地域に持ち込むが、前八世紀末葉までの二〇〇年あまり、九州北部では青銅器の破片すら出土していない。青銅器を保有できる層の人びとが来ていないことを意味している可能性があるが、先述したように磨製石剣を保有する階層の墓は福岡市雑餉隈遺跡で見つかっている。ほぼ同じ時期の慶北《キョンボク》坪村里《ピョンチョンリ》遺跡でも磨製石剣と磨製石鏃をもつ階層の石棺墓が多数見つかっていることから、朝鮮海峡を挟んだ両地域に遼寧式銅剣をもっていない同じ階層の人びとが存在して、規範を同じくする副葬法を実践していたことがわかる。

想像をたくましくすれば、九州北部玄界灘沿岸地域に水田稲作を伝えた青銅器文化の人びとは、遼寧式銅剣を保有するような忠南松菊里《チュンナンソングンニ》遺跡一号石棺墓に葬られた被葬者層ではなかった可能性がある。李《イ》亨源《ヒョンウォン》も、九州北部には韓半島で政治的に劣勢にあった集団らが渡海したと考えている（李「韓半島の初期青銅器文化と初期弥生文化」『国立歴史民俗博物館研究報告』第一八五集、二〇一四）。それなら遼寧式銅剣破片の再利用品が出回り始めるまでの二〇〇年あまり九州北部が青銅器の空白地帯であったことの説明はつく。

韓半島南部に多鈕粗文鏡、古式細形銅剣を代表とする古式朝鮮式青銅器文化が花開いた頃、九州北部は前七世紀、前期中ごろになったころで、列島内を東へ南へと弥生水田稲作が広がっている段階である。この段階になっても青銅器を副葬品にもてる層の人びとはまだ出現していない。その一方で遼寧式銅剣の破片を研ぎ直して銅鏃としたり、加工具として再利用したりした青銅器片が九州北部に見られるようになる。青銅器文化の象徴たる副葬品はないが、小形ながらも実用的な利器としての青銅器破片は存在するのである。

九州北部玄界灘沿岸地域に青銅器をもてる層が登場するのは、前四世紀後半の中期初頭、武末の朝鮮青銅器文化三期になってからである。多鈕細文鏡、細形銅剣・銅矛・銅戈という武器形祭器が九州北部玄界灘沿岸地域に、馬鐸を祖型とする銅鐸が近畿地方を中心とする地域に現れ、青銅器文化の象徴となる。

つまり、灌漑式水田稲作が始まってから六〇〇年あまりたってからようやく、韓半島南部と同じく青銅器をもてる階層が、少なくとも九州北部には登場したことを意味している。

六〇〇年の意味

青銅器を副葬可能な有力者が存在しない水田稲作開始期の六〇〇年あまりは、スクラップ利用の青銅破片を除けば青銅器が基本的に存在しない社会であった。遼寧式青銅器文化に海を挟んで隣接して誕生し、朝鮮青銅器文化の影響を受けながらも水田稲作社会を形成してきた西日本は、何時代にあったと考えるのがよいのであろうか。韓半島にはうまくあてはまるものはなかった。ではヨーロッパはどうであろうか。

ヨーロッパ銅石時代

ヨーロッパ最古の青銅器文明はエーゲ海文明で、隣接する北ギリシャ、バルカン、中央ヨーロッパ、西ヨーロッパは、青銅器と石器が共存する銅石時代である（中村友博「石器から金属器へ」『古代を考える　稲・金属・戦争』吉川弘文館、二〇〇二）。

銅石時代に冶金《やきん》術は知られていたが利器の多くはまだ石で作られていたので、過渡的な時代を指す時代概念である。したがって独立した時代ではなく過渡的な段階を示している。

弥生早・前期の六〇〇年間に冶金は知られていないので、銅石時代の実態と一致しているわけではない。また弥生人も青銅器の破片を砥石で研いで刃をつけていることからもわかるように、青銅器破片は石器製作技術が適用可能な対象であったことがわかる。その意味では、新石器時代末期という用語の方が実態にあっているといえそうである。ちなみに弥生人が本当の意味で青銅器を認識できるようになるのは、青銅器の鋳造が始まる前四〜前三世紀まで待つ必要がある。

鉄器が出現する前四世紀前葉までのおよそ六〇〇年間が何時代に相当するのか、韓半島青銅器文化とヨーロッパの銅石時代をみてきた。

初期青銅器時代の提唱

韓半島では青銅器こそ伴わないが、広大な畑で穀物を栽培して農耕生活を送る段階（青銅器早期）が存在した後、前一二世紀になってから青銅器を副葬品にもつクラスが現れて、名実ともに青銅器時代にはいり（青銅器前期）、中国を盟主とする東アジア青銅器文化の末端に位置する様相をみせている。

一方、九州北部では前四世紀後半までに祭器・礼器としての青銅器は基本的に出現せず、前八世紀末葉から韓半島南部に存在した青銅器破片の再利用システムは及んでいたものの、利器の中心が石器であったことはくり返し述べてきたとおりである。

しかし前六世紀になると青銅剣を模した木剣を儀礼の場で使っていた可能性があることは、青銅器を利器として使うのではなく礼器や祭器として扱う儀礼的な側面が表れていると考えられる。中国を盟主とする東アジア青銅器文化の末端の、さらに外側に隣接する地域の特徴といえるのではないだろうか。

同じような状況はヨーロッパ最古の青銅器文明であるエーゲ海文明の外側にあるヨーロッパ世界にみられる銅石時代と、冶金技術がないという点を除いて共通する部分があると考えられる。

九州北部玄界灘沿岸地域の灌漑式水田稲作は、遼寧式青銅器文化の生産基盤として青銅器文化人によって持ち込まれたものだが、主体となった人びと自体が遼寧式銅剣を保有していない階層に属していたことが遼寧式銅剣が伴わない要因と考えた。ただ、副葬品の副葬法などには韓半島南部の同じクラスの人びとと共通する規範が存在したことをうかがうことができた。弥生時代はその当初から青銅器を祭器や利器として象徴する文化圏の影響のもとに始まったという春成秀爾の理解は今も有効と考えられる（春成『弥生時代の始まり』東京大学出版会、二〇〇一）。

以上のような理由から、弥生早・前期の六〇〇年間を初期青銅器段階と理解することにする。鋳造鉄器の破片を利用した小刃物が存在した初期鉄器時代になぞらえることもできよう。

初期青銅器段階は、程度の差はあれ遠賀川系土器がセットで存在する伊勢湾沿岸地域までみることができる。灌漑式水田稲作を拡散させた渡来系弥生人が確実に到達していることは、「弥生時代の人びと」の章で述べたように核ゲノムの存在から確認できる。では中部・関東、東北はどうなのであろうか。

初期青銅器文化の東に広がる農耕文化複合地域

農耕文化複合地域の諸相

以上のように、本州・四国・九州で水田稲作をおこなう地域には、縄文晩期までおこなわれていた森林性新石器文化（網羅型）以降、灌漑式水田稲作を始めるまでの間にいくつかのパターンがみられる（図36：藤尾「初期青銅器時代」の提唱―鉄器出現以前の弥生時代―」『国立歴史民俗博物館研究報告』第二三一集、二〇二二）。順に説明しよう。

九州北部玄界灘沿岸地域は、アワやキビを補助的に栽培する段階である草原性新石器文化（網羅型）をへることなく、遼寧式銅剣を象徴とする遼寧式青銅器文化複合の生産基盤として灌漑式水田稲作がおこなわれた初期青銅器時代として位置づけた。また前四世紀前葉（前期末）からは初期鉄器時代へと転換する。

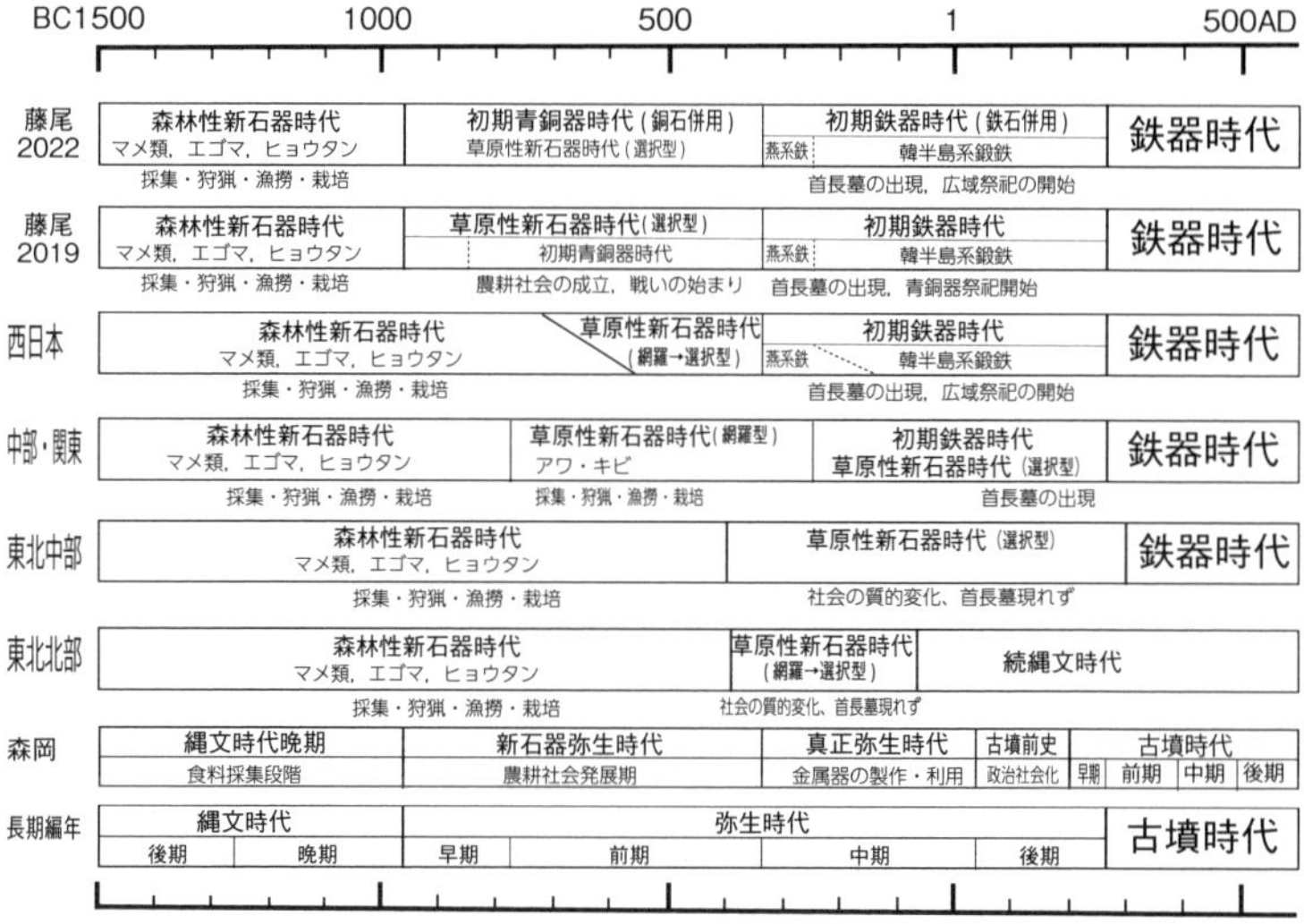

図36　各地の弥生時代，時期別細分（藤尾2022より）

九州東部・中国・四国・近畿・伊勢湾沿岸地域の西日本では、アワやキビの栽培を補助的におこなう草原性新石器文化（網羅型）をへて、九州北部から拡散した青銅器文化複合の生産基盤としての灌漑式水田稲作が前七〜前六世紀にかけて始まり、前四世紀以降、初期鉄器時代へと移行する。青銅器文化複合の波は知多半島を東端とし、いったん停止する。

中部高地・関東南部では、前八世紀から前三世紀まで草原性新石器文化（網羅型）のもとでアワ・キビ栽培が始まり漸進的な変化を遂げ、前期初めからは設楽博己のいう農耕文化複合の様相を示す。しかしこのまま灌漑式水田稲作へと移行できるわけではない。西からのさらなるインパクトが必要である。

前三世紀中ごろに播磨～尾張の渡来系弥生人によって灌漑式水田稲作を生産基盤とする初期鉄器文化がセットで持ち込まれてからということになる。環壕集落や方形周溝墓、独立棟持柱を備えた祭殿など、社会的、祭祀的側面がセットになったものを、最初から見ることができる。たとえば神奈川県中里遺跡などで見られるように、灌漑式水田稲作が始まると同時に環壕集落が作られ、集落の中央に独立棟持柱付祭殿が建てられ、また方形周溝墓が造営されるなど、社会的・祭祀的側面も最初から定型化している。

仙台平野（東北中部）では前四世紀以降、草原性新石器文化（選択型）のもとで灌漑式水田稲作が始まるが、関東南部のようにすべての要素がセットで持ち込まれているわけではない。農耕文化複合のまま灌漑式水田稲作へと移行した可能性がある。この場合は社会的側面や祭祀的側面が質的転換をする前に古墳時代を迎えたのではないだろうか。社会・祭祀的な二つの側面が質的転換しないまま古墳時代にはいるのは、関東北部から東北中部にかけての地域である。

東北北部では前四世紀前葉以降、アワ・キビ栽培をへることなく、草原性新石器文化（網羅型）のもとで水田稲作が始まり、前三世紀には垂柳遺跡のように草原性新石器文化

（選択型）に移行した集団が現れる。一部には拡大再生産を目指し、経済的側面が質的転換を遂げつつあったところもあるが、「水田稲作開始期の気候」の章でみたように前八〇年ごろに起こった大雨と洪水、それに伴う気温の低下が原因で、水田稲作のみならず農耕自体をおこなう人びとがいなくなってしまう。社会的・祭祀的側面は質的に転換せず、また古墳時代を迎えることもなかった地域である。人びとがこの地を離れたあとには、北から続縄文文化が広がることになる。

初期青銅器時代としての弥生時代へ

玄界灘沿岸地域において鉄器が出現する以前の段階を初期青銅器文化段階にあると考えたのは、遼寧式青銅器文化段階にあった韓半島南部に隣接する九州北部玄界灘沿岸地域で成立したという地政学的な位置を重視したからである。完形の青銅器こそもっていないが、朝鮮系の磨製石剣・磨製石鏃という共通する組み合わせもつ副葬品を、韓半島南部と玄界灘沿岸地域の有力者層（遼寧式銅剣をもてない）が、規範や価値観を共有していることが根拠である。

青銅器が利器として使われていないにもかかわらず初期青銅器文化と考えるのは、玄界灘沿岸地域の渡来系弥生人の考え方が、韓半島南部の後期青銅器文化人と意識的に同調していたからにほかならないと考える。

前一〇世紀後半に玄界灘沿岸地域において青銅器文化複合の生産基盤として始まった灌

漑式水田稲作は、前六世紀までに伊勢湾沿岸の知多半島まで広がるが、そこに三〇〇年近く留まり、太平洋岸を東に進むことはなかった。もちろん「水田稲作のはじまり」の章でみたように遠賀川系の壺は、穀物などとともに前六世紀には東北北部まで到達しているが、あくまでも単体としての動きであり、縄文時代から列島内に張り巡らされていた情報ネットワークを介したもので、文化複合体として動いたわけではない。

社会的側面や祭祀的側面に質的転換をもたらすのは青銅器文化複合のもとで灌漑式水田稲作がおこなわれた場合である。それならば、利根川以南・以西の地域がそれにあたり、森岡のいう真正弥生時代が適用できる範囲とも一致している。この地域こそ、真正弥生文化の範囲ということができるであろう。

農耕文化か青銅器文化か――エピローグ

本書では最後の章である「弥生時代前半期の文化」を除いて炭素や酸素の同位体比やDNA分析など自然科学的な目で弥生時代の開始期について考えてきたが、古気候、DNA分析、穀物の出現・栽培の歴史は、すべて最初の「弥生時代の暦」の章で述べた炭素一四年代をもとに構築された較正暦年代を規準としている。年代観が異なればまったく違う弥生開始像を描くことができる。

弥生開始像の相違

たとえば紀元前五～紀元前四世紀に水田稲作が始まったと考える弥生短期編年のもとでは、温暖期に水田稲作が始まり、わずか二〇〇年あまりで西日本全体に広がった。縄文人の子孫である在来（縄文）系弥生人は神の手に導かれるように狩猟採集の生活から食料生産の生活へと転換したという弥生開始像になる。

それらを担った渡来系弥生人の人口は、一%を超える驚異的な人口増加率のもと、わずか二〇〇年弱というきわめて短い期間で在来（縄文）系弥生人の人口を上回り、弥生文化の主な担い手となっていく。

一方、紀元前一〇～紀元前九世紀に水田稲作が始まったと考える弥生長期編年のもとでは、過去三〇〇〇年間でもっとも寒かった頃に韓半島から渡ってきた青銅器文化人を含む集団が九州北部で水田稲作を始めたものの、すぐに周辺へと広がることはなかった。東や西へとひろがり始めるのは二五〇年ほどたった、ようやく暖かくなってからであった。在来（縄文）系弥生人が水田稲作を生活の基礎においた暮らしを始めるまでにはかなりの年月を必要とするので、弥生短期編年とは正反対の弥生開始像になる。

しかも渡来系弥生人の人口が在来（縄文）系弥生人の人口を上回るまでには、〇・八%以下という人口増加率、かつ六〇〇〇年というきわめて長い年月を要したという、弥生短期編年と異なる状況を想定できる。

先史時代の年代観が変わるということは、まったく異なる弥生開始像を創ってしまうことが改めて認識される。第四紀学や先史時代を対象とする自然科学の世界では時間の物差しが炭素一四年代を基準にしている以上、縄文・弥生時代研究もこれらの学問と共通の土俵でようやく議論できるようになったといえるであろう。

出自の解明へ

渡来系弥生人の出自についても大きな進展があった。二重構造モデルでは在来（縄文）系弥生人の混血相手をシベリアなど大陸北部の人びとだと考えた。しかしヤポネシアゲノムプロジェクト研究の結果は、縄文人と共通の祖先である古代東アジア沿岸集団系に属す韓半島新石器時代人の核ゲノムをもあわせもつ韓半島青銅器時代人も混血相手の候補の一人であったことが明らかになるとともに、そのなかには渡来系弥生人に類似した核ゲノムの人もいた可能性があるという想定外の事実を私たちに突きつけた。

このことは渡来人が在来（縄文）系弥生人と混血せずとも渡来系弥生人が存在してしまうことを意味するだけに私たちは驚いたのである。

約七〇〇〇年前の新石器時代からすでに多様な核ゲノムをもつ人びとによって構成されていた韓半島出身の人びとと、すくなくとも一万一〇〇〇年前からほぼ固定されていた縄文人の核ゲノムを受け継いだ在来（縄文）系弥生人が混血することによって、日本の歴史上、核ゲノム的にもっとも多様な人びとから構成される弥生時代人が誕生することになった。

以上の内容をもとに弥生開始期の状況を考古学的にまとめたのが最終章の「弥生時代前半期の文化」である。海を渡ってきた韓半島青銅器時代人は、遼寧式銅剣という武器型の青銅器を至高の祭器とする階層社会に生きた人びとであり、韓半島でおこなわれていた灌漑式水田稲作は、遼寧式青銅器文化や社会を経済的に支える生産基盤であった。九州北部にもたらされたのは単なる水田稲作ではなかったのである。この点が、前一一世紀に西日本にもたらされた穀物栽培とはまったく異なる点である。縄文人が採集狩猟経済の枠組みを崩すことなく網羅的生業構造のなかに穀物栽培を位置づけることができたのは、単に経済的な側面のみの特徴をもつ穀物栽培だったからではないだろうか。

青銅器と灌漑式水田稲作

しかし、前一〇世紀後半に韓半島青銅器時代人が持ち込んだ灌漑式水田稲作は、韓半島青銅器文化の生産基盤として位置づけられていたがために、縄文人が既存の生業構造のなかに位置づけることは容易ではなかった。選択的な生業構造のもとで成り立つだけではなく、社会やまつりの質的転換が必要なことを理解したうえでないと灌漑式水田稲作を受け入れることは難しいからである。

もちろん、九州北部を含む西日本でこれら三つの側面すべてが定型化する青銅器文化複合が成立する前期末〜中期初頭までには六〇〇年あまりという長い年月を要するわけだが、こうした方向性を理解したうえでなければ水田稲作を受け入れることはできないことは間違いないであろう。

また渡来した青銅器時代人は青銅器を保有する遼寧式青銅器社会の最上層に属していたわけではなく、青銅器保有層の下位に位置づけられた、青銅器を保有できない階層に属していた可能性が考えられる。九州北部に青銅器保有層が誕生するのは、前四世紀前葉に始まる初期鉄器文化の流入以降ということになる。

伊勢湾沿岸地域以西で中期前葉までに定型化する銅鐸や武器型の青銅器を最高の至宝とする青銅器文化複合は、前三世紀中ごろになってようやく中部高地、関東南部へと広がった。設楽博己のいう東日本における第二次農耕文化複合の成立である。

中部高地や関東南部に出現した青銅器文化複合の特徴は、経済的、社会的、祭祀的側面のすべてが当初から同時に現れ、かつ定型化していることである。灌漑式水田稲作のみならず、環壕集落や方形周溝墓、独立棟持ち柱付き建物などの社会的・祭祀的側面がセットになっている。それだけ組織的・大規模な人の移動が伴った可能性が高い。ただこの地域の青銅器が断片的なのはすでに初期鉄器文化段階にはいっているからであろうか。その意味では初期鉄器文化複合といった方がよいかもしれない。

青銅器文化複合は太平洋側は千葉まで、日本海側は新潟県村上市付近までしかみることはできず、そこから北は、設楽のいう第一次農耕文化複合の地域である。経済的側面こそ拡大再生産を志向していることをうかがうことはできるが、それが社会的側面までへと自立的発展を遂げる前に古墳時代を迎えてしまった仙台平野や、前一世紀前葉に起こった大雨とそれに伴う気温の低下のために水田稲作どころか穀物栽培自体、おこなわれなくなる津軽地域など、独自の展開をみることができる。前一世紀前葉の気候変動や渡来系弥生人が及んでいなかったことなどの原因が考えられる。

灌漑式水田稲作という視点で見る限り、鹿児島から青森まで水田稲作という共通する生業でくることができるものの、それを生産基盤とする社会や祭祀体系は、人びとの出自を含めてきわめて多様である。

現代社会の縮図としての弥生社会

こうした状況を弥生文化の多様性と捉えるのか、別の文化として位置づけるのかをめぐり、ここ二〇年あまり論争してきたわけだが、はじめから階層が存在した青銅器社会に生きた人びとの社会を農耕社会という側面で捉えてしまうのは、いかがであろうか。

武器のなかった社会に武器を持ち込み、諍《いさか》いには武器を用いて解決を図るという政治的手段を行使する社会、それが弥生時代なのである。その結果、格差が発生するとともに格差は子へと継承されて固定化されてしまう格差社会、人口増加がもたらす環境破壊や結核などの疾病、まさに現代社会の縮図ともいえる社会が二千数百年前の利根川より西の地域に存在していたのである。

こうした状況をみることができない第一次農耕文化複合という特色をもつ東北から関東北部までの地域を、青銅器文化複合に特色づけられた関東以西と同じ文化としてみることができるであろうか。二〇年前から私が抱いていた疑問はまだ解消されていない。

あとがき

一九八三年二月、二三歳の私は修論の口頭試問を受けていた。そのとき、九州大学の横山浩一先生から受けた質問は、「弥生前期の西日本において、遠賀川系土器を使う地域と突帯文系土器を使う地域が存在するのはどうしてなのか？　その背景には何があるのか？」であった。それがわかれば苦労はしないよ、とつぶやきながら、わかりませんと答えるのが精一杯であった。まだ、同位体比分析やDNA分析という用語すら知らない、ちょうど四〇年前の出来事である。

本書には、その答えにつながる可能性のある炭素・窒素の同位体比分析や、核ゲノム分析の話を収めることができた。まだ測定数が少ないので本書での見通しがまったく的外れのものとなるかもしれないが、それでもいつか若い研究者が明らかにしてくれることを期待する。

九州にいた頃は土器ばかり追いかけていたが、歴博に異動後は、自然科学の研究者たちとの協業（現在は学際的研究とよぶ）に明け暮れた日々であったように思う。

最初の一〇年ぐらいは吉岡康暢・田口勇・永嶋正春など諸先生の指導の下、同世代の齋藤努さん（現歴博教授）と鉄の分析や青銅器の鉛同位体比研究に従事した。分析は日本にとどまらず、高田貫太さん（現歴博教授）や李昌熙《イチャンヒ》さん（現釜山大学校教授）の助けも借りながら韓国の青銅器にもアクセスすることができた。ただ残念なことに、金属は自分のオリジナルな専門とすることはできなかった（この本に載っていない理由です）。

二一世紀に入ってからは、春成秀爾・西本豊弘・今村峯雄など諸先生の指導の下、同僚の坂本稔さん（現歴博教授）や小林謙一さん（現中央大学教授）と炭素一四年代測定に取り組み、こちらは土器に付着した炭化物が試料だったこともあって、なんとか自分のオリジナルとすることができたように思う（「弥生時代の暦」）。そしてこの分野は、箱﨑真隆さん（現歴博准教授）たち、若手研究者によって新たな高みを目指して研究が続いている。どちらも炭素と酸素の違いはあれ、同位体比を利用した研究である。後者は弥生開始期の古気候復元として「水田稲作開始期の気候」の章に盛り込むことができた。

そして最後に、篠田謙一さん（現国立科学博物館館長）や齋藤成也さん（現国立遺伝学研究所特任教授）と、五〇代後半から取り組んだのが古人骨のＤＮＡ分析である。歴博が炭素一四年代をもとに構築した新しい年代観を軸に再構成した、いわゆる二重構造モデルの見直しは、今後の日本人起源論に大きな影響を与えていくことだろう（「弥生時代の人びと」）。

こうした約三五年にわたる私の自然科学との研究の歩みを、こうして一冊にまとめて世に出す機会を作ってくださった吉川弘文館の石津輝真さんには、入稿が約一ヵ月遅れたために、年末を超多忙なひと月にさせてしまいました。ここに感謝いたします。

二〇二三年一一月

藤尾慎一郎

著者紹介

一九五九年、福岡県に生まれる
一九八六年、九州大学大学院博士課程単位修得退学
現在、国立歴史民俗博物館・総合研究大学院大学名誉教授、博士（文学）

〔主要著書〕
『弥生変革期の考古学』（同成社、二〇〇三年）
『〈新〉弥生時代―五〇〇年早かった水田稲作―』（吉川弘文館、二〇一一年）
『弥生時代の歴史』（講談社、二〇一五年）
『日本の先史時代―旧石器・縄文・弥生・古墳時代を読みなおす―』（中央公論新社、二〇二一年）

歴史文化ライブラリー
587

弥生人はどこから来たのか
最新科学が解明する先史日本

二〇二四年（令和六）三月一日 第一刷発行
二〇二四年（令和六）九月二十日 第四刷発行

著 者 藤《ふじ》尾《お》慎《しん》一《いち》郎《ろう》
発行者 吉川道郎
発行所 株式会社 吉川弘文館
東京都文京区本郷七丁目二番八号
郵便番号一一三―〇〇三三
電話〇三―三八一三―九一五一〈代表〉
振替口座〇〇一〇〇―五―二四四
https://www.yoshikawa-k.co.jp/
印刷＝株式会社 平文社
製本＝ナショナル製本協同組合
装幀＝清水良洋・宮崎萌美

© Fujio Shin'ichirō 2024. Printed in Japan
ISBN978-4-642-05987-9

JCOPY 〈出版者著作権管理機構 委託出版物〉
本書の無断複写は著作権法上での例外を除き禁じられています．複写される場合は，そのつど事前に，出版者著作権管理機構（電話 03-5244-5088，FAX 03-5244-5089，e-mail: info@jcopy.or.jp）の許諾を得てください．

歴史文化ライブラリー

1996.10

刊行のことば

現今の日本および国際社会は、さまざまな面で大変動の時代を迎えておりますが、近づきつつある二十一世紀は人類史の到達点として、物質的な繁栄のみならず文化や自然・社会環境を謳歌できる平和な社会でなければなりません。しかしながら高度成長・技術革新にともなう急激な変貌は「自己本位な刹那主義」の風潮を生みだし、先人が築いてきた歴史や文化に学ぶ余裕もなく、いまだ明るい人類の将来が展望できていないようにも見えます。このような状況を踏まえ、よりよい二十一世紀社会を築くために、人類誕生から現在に至る「人類の遺産・教訓」としてのあらゆる分野の歴史と文化を「歴史文化ライブラリー」として刊行することといたしました。

小社は、安政四年（一八五七）の創業以来、一貫して歴史学を中心とした専門出版社として書籍を刊行しつづけてまいりました。その経験を生かし、学問成果にもとづいた本叢書を刊行し社会的要請に応えて行きたいと考えております。

現代は、マスメディアが発達した高度情報化社会といわれますが、私どもはあくまでも活字を主体とした出版こそ、ものの本質を考える基礎と信じ、本叢書をとおして社会に訴えてまいりたいと思います。これから生まれでる一冊一冊が、それぞれの読者を知的冒険の旅へと誘い、希望に満ちた人類の未来を構築する糧となれば幸いです。

吉川弘文館

歴史文化ライブラリー

考古学

タネをまく縄文人 最新科学が覆す農耕の起源――小畑弘己
イヌと縄文人 狩猟の相棒、神へのイケニエ――小宮　孟
顔の考古学 異形の精神史――設楽博己
〈新〉弥生時代 五〇〇年早かった水田稲作――藤尾慎一郎
弥生人はどこから来たのか 最新科学が解明する先史日本――藤尾慎一郎
文明に抗した弥生の人びと――寺前直人
青銅器が変えた弥生社会 東北アジアの交易ネットワーク――中村大介
樹木と暮らす古代人 木製品が語る弥生・古墳時代――樋上　昇
アクセサリーの考古学 倭と古代朝鮮の交渉史――高田貫太
古　墳――土生田純之
古墳を築く――一瀬和夫
東国から読み解く古墳時代――若狭　徹
東京の古墳を探る――松崎元樹
埋葬からみた古墳時代 女性・親族・王権――清家　章
鏡の古墳時代――下垣仁志
神と死者の考古学 古代のまつりと信仰――笹生　衛
土木技術の古代史――青木　敬
大極殿の誕生 古代天皇の象徴に迫る――重見　泰
国分寺の誕生 古代日本の国家プロジェクト――須田　勉
東大寺の考古学 よみがえる天平の大伽藍――鶴見泰寿
海底に眠る蒙古襲来 水中考古学の挑戦――池田榮史
中世かわらけ物語 もっとも身近な日用品の考古学――中井淳史
ものがたる近世琉球 喫煙・園芸・豚飼育の考古学――石井龍太

古代史

邪馬台国の滅亡 大和王権の征服戦争――若井敏明
日本語の誕生 古代の文字と表記――沖森卓也
日本国号の歴史――小林敏男
日本神話を語ろう イザナキ・イザナミの物語――中村修也
六国史以前 日本書紀への道のり――関根　淳
東アジアの日本書紀 歴史書の誕生――遠藤慶太
〈聖徳太子〉の誕生――大山誠一
倭国と渡来人 交錯する「内」と「外」――田中史生
大和の豪族と渡来人 葛城・蘇我氏と大伴・物部氏――加藤謙吉
物部氏 古代氏族の起源と盛衰――篠川　賢
東アジアからみた「大化改新」――仁藤敦史
白村江の真実 新羅王・金春秋の策略――中村修也
よみがえる古代山城 国際戦争と防衛ライン――向井一雄
よみがえる古代の港 古地形を復元する――石村　智
古代氏族の系図を読み解く――鈴木正信

歴史文化ライブラリー

古代豪族と武士の誕生——森　公章
飛鳥の宮と藤原京 よみがえる古代王宮——林部　均
出雲国誕生——大橋泰夫
古代出雲——前田晴人
古代の皇位継承 天武系皇統は実在したか——遠山美都男
壬申の乱を読み解く——早川万年
苦悩の覇者　天武天皇 専制君主と下級官僚——虎尾達哉
戸籍が語る古代の家族——今津勝紀
古代の人・ひと・ヒト 名前と身体から歴史を探る——三宅和朗
疫病の古代史 天災、人災、そして——本庄総子
万葉集と古代史——直木孝次郎
郡司と天皇 地方豪族と古代国家——磐下　徹
地方官人たちの古代史 律令国家を支えた人びと——中村順昭
采女　なぞの古代女性 地方からやってきた女官たち——伊集院葉子
古代の都はどうつくられたか 中国・日本・朝鮮・渤海——吉田　歓
平城京に暮らす 天平びとの泣き笑い——馬場　基
平城京の住宅事情 貴族はどこに住んだのか——近江俊秀
すべての道は平城京へ 古代国家の〈支配の道〉——市　大樹
都はなぜ移るのか 遷都の古代史——仁藤敦史
古代の都と神々 怪異を吸いとる神社——榎村寛之

聖武天皇が造った都 難波宮・恭仁宮・紫香楽宮——小笠原好彦
天皇側近たちの奈良時代——十川陽一
藤原仲麻呂と道鏡 ゆらぐ奈良朝の政治体制——鷺森浩幸
古代の女性官僚 女官の出世・結婚・引退——伊集院葉子
〈謀反〉の古代史 平安朝の政治改革——春名宏昭
皇位継承と藤原氏 摂政・関白はなぜ必要だったのか——神谷正昌
王朝貴族と外交 国際社会のなかの平安日本——渡邊　誠
源氏物語を楽しむための王朝貴族入門——繁田信一
源氏物語の舞台装置 平安朝文学と後宮——栗本賀世子
陰陽師の平安時代 貴族たちの不安解消と招福——中島和歌子
平安貴族の仕事と昇進 どこまで出世できるのか——井上幸治
平安朝　女性のライフサイクル——服藤早苗
平安貴族の住まい 寝殿造から読み直す日本住宅史——藤田勝也
平安京のニオイ——安田政彦
平安京の生と死 祓い、告げ、祭り——五島邦治
平安京はいらなかった 古代の夢を喰らう中世——桃崎有一郎
天神様の正体 菅原道真の生涯——森　公章
平将門の乱を読み解く——木村茂光
古代の神社と神職 神をまつる人びと——加瀬直弥
古代の食生活 食べる・働く・暮らす——吉野秋二

歴史文化ライブラリー

雪と暮らす古代の人々——相澤　央
古代の刀剣 日本刀の源流——小池伸彦
大地の古代史 土地の生命力を信じた人びと——三谷芳幸
時間の古代史 霊鬼の夜、秩序の昼——三宅和朗

中世史

列島を翔ける平安武士 九州・京都・東国——野口　実
源氏と坂東武士——野口　実
敗者たちの中世争乱 年号から読み解く——関　幸彦
戦死者たちの源平合戦 生への執着、死者への祈り——田辺　旬
中世武士 畠山重忠 秩父平氏の嫡流——清水　亮
頼朝と街道 鎌倉政権の東国支配——木村茂光
もう一つの平泉 奥州藤原氏第二の都市・比爪——羽柴直人
源頼家とその時代 二代目鎌倉殿と宿老たち——藤本頼人
六波羅探題 京を治めた北条一門——森　幸夫
大道 鎌倉時代の幹線道路——岡　陽一郎
仏都鎌倉の一五〇年——今井雅晴
鎌倉北条氏の興亡——奥富敬之
鎌倉幕府はなぜ滅びたのか——永井　晋
武田一族の中世——西川広平
三浦一族の中世——高橋秀樹
伊達一族の中世「独眼龍」以前——伊藤喜良
弓矢と刀剣 中世合戦の実像——近藤好和
その後の東国武士団 源平合戦以後——関　幸彦
曽我物語の史実と虚構——坂井孝一
鎌倉浄土教の先駆者 法然——中井真孝
親　鸞——平松令三
親鸞と歎異抄——今井雅晴
畜生・餓鬼・地獄の中世仏教史 因果応報と悪道——生駒哲郎
神や仏に出会う時 中世びとの信仰と絆——大喜直彦
神仏と中世人 宗教をめぐるホンネとタテマエ——衣川　仁
神風の武士像 蒙古合戦の真実——関　幸彦
鎌倉幕府の滅亡——細川重男
足利尊氏と直義 京の夢、鎌倉の夢——峰岸純夫
高　師直 室町新秩序の創造者——亀田俊和
新田一族の中世「武家の棟梁」への道——田中大喜
皇位継承の中世史 血統をめぐる政治と内乱——佐伯智広
地獄を二度も見た天皇 光厳院——飯倉晴武
南朝の真実 忠臣という幻想——亀田俊和
信濃国の南北朝内乱 悪党と八〇年のカオス——櫻井　彦
中世の巨大地震——矢田俊文

歴史文化ライブラリー

大飢饉、室町社会を襲う！——清水克行
中世の富と権力 寄進する人びと——湯浅治久
中世は核家族だったのか 民衆の暮らしと生き方——西谷正浩
出雲の中世 地域と国家のはざま——佐伯徳哉
中世武士の城——齋藤慎一
戦国の城の一生 つくる・壊す・蘇る——竹井英文
九州戦国城郭史 大名・国衆たちの築城記——岡寺 良
戦国期小田原城の正体 「難攻不落」と呼ばれる理由——佐々木健策
徳川家康と武田氏 信玄・勝頼との十四年戦争——本多隆成
戦国大名毛利家の英才教育 元就・隆元・輝元と妻たち——五條小枝子
戦国大名の兵粮事情——久保健一郎
戦国時代の足利将軍——山田康弘
足利将軍と御三家 吉良・石橋・渋川氏——谷口雄太
〈武家の王〉足利氏 戦国大名と足利的秩序——谷口雄太
室町将軍の御台所 日野康子・重子・富子——田端泰子
名前と権力の中世史 室町将軍の朝廷戦略——水野智之
摂関家の中世 藤原道長から豊臣秀吉まで——樋口健太郎
戦国貴族の生き残り戦略——岡野友彦
鉄砲と戦国合戦——宇田川武久
検証 川中島の戦い——村石正行
検証 長篠合戦——平山 優
検証 本能寺の変——谷口克広
明智光秀の生涯——諏訪勝則
加藤清正 朝鮮侵略の実像——北島万次
落日の豊臣政権 秀吉の憂鬱、不穏な京都——河内将芳
豊臣秀頼——福田千鶴
天下人たちの文化戦略 科学の眼でみる桃山文化——北野信彦
イエズス会がみた「日本国王」 天皇・将軍・信長・秀吉——松本和也
海賊たちの中世——金谷匡人
琉球王国と戦国大名 島津侵入までの半世紀——黒嶋 敏
天下統一とシルバーラッシュ 銀と戦国の流通革命——本多博之

近世史

江戸城の土木工事 石垣・堀・曲輪——後藤宏樹
慶長遣欧使節 伊達政宗が夢見た国際外交——佐々木 徹
徳川忠長 兄家光の苦悩、将軍家の悲劇——小池 進
女と男の大奥 大奥法度を読み解く——福田千鶴
大奥を創った女たち——福田千鶴
江戸のキャリアウーマン 奥女中の仕事・出世・老後——柳谷慶子
江戸に向かう公家たち みやこと幕府の仲介者——田中暁龍
細川忠利 ポスト戦国世代の国づくり——稲葉継陽

歴史文化ライブラリー

家老の忠義 大名細川家存続の秘訣——林 千寿
隠れた名君 前田利常 加賀百万石の運営手腕——木越隆三
明暦の大火 「都市改造」という神話——岩本 馨
〈伊達騒動〉の真相——平川 新
江戸の町奉行——南 和男
大名行列を解剖する 江戸の人材派遣——根岸茂夫
江戸大名の本家と分家——野口朋隆
江戸の武家名鑑 武鑑と出版競争——藤實久美子
江戸の出版統制 弾圧に翻弄された戯作者たち——佐藤至子
武士という身分 城下町萩の大名家臣団——森下 徹
旗本・御家人の就職事情——山本英貴
武士の奉公 本音と建前 江戸時代の出世と処世術——高野信治
近江商人と出世払い 出世証文を読み解く——宇佐美英機
犬と鷹の江戸時代 〈犬公方〉綱吉と〈鷹将軍〉吉宗——根崎光男
武人儒学者 新井白石 正徳の治の実態——藤田 覚
近世の巨大地震——矢田俊文
土砂留め奉行 河川災害から地域を守る——水本邦彦
外来植物が変えた江戸時代 里湖・里海の資源と都市消費——佐野静代
闘いを記憶する百姓たち 江戸時代の裁判学習帳——八鍬友広
江戸時代の瀬戸内海交通——倉地克直
江戸のパスポート 旅の不安はどう解消されたか——柴田 純
江戸の捨て子たち その肖像——沢山美果子
江戸時代の医師修業 学問・学統・遊学——海原 亮
江戸幕府の日本地図 国絵図・城絵図・日本図——川村博忠
踏絵を踏んだキリシタン——安高啓明
墓石が語る江戸時代 大名・庶民の墓事情——関根達人
石に刻まれた江戸時代 無縁・遊女・北前船——関根達人
近世の仏教 華ひらく思想と文化——末木文美士
伊勢参宮文化と街道の人びと ケガレ意識と不埒者の江戸時代——塚本 明
吉田松陰の生涯 猪突猛進の三〇年——米原 謙
松陰の本棚 幕末志士たちの読書ネットワーク——桐原健真
龍馬暗殺——桐野作人
日本の開国と多摩 生糸・農兵・武州一揆——藤田 覚
幕末の海軍 明治維新への航跡——神谷大介
海辺を行き交うお触れ書き 浦触の語る徳川情報網——水本邦彦
江戸の海外情報ネットワーク——岩下哲典

近・現代史

江戸無血開城 本当の功労者は誰か？——岩下哲典
五稜郭の戦い 蝦夷地の終焉——菊池勇夫
水戸学と明治維新——吉田俊純

歴史文化ライブラリー

大久保利通と明治維新——佐々木　克
刀の明治維新「帯刀」は武士の特権か？——尾脇秀和
京都に残った公家たち 華族の近代——刑部芳則
文明開化 失われた風俗——百瀬　響
大久保利通と東アジア 国家構想と外交戦略——勝田政治
名言・失言の近現代史 上 一八六八—一九四五——村瀬信一
皇居の近現代史 開かれた皇室像の誕生——河西秀哉
日本赤十字社と皇室 博愛か報国か——小菅信子
リーダーたちの日清戦争——佐々木雄一
陸軍参謀 川上操六 日清戦争の作戦指導者——大澤博明
軍隊を誘致せよ 陸海軍と都市形成——松下孝昭
軍港都市の一五〇年 横須賀・呉・佐世保・舞鶴——上杉和央
〈軍港都市〉横須賀 軍隊と共生する街——高村聰史
第一次世界大戦と日本参戦 揺らぐ日英同盟と日独の攻防——飯倉　章
日本酒の近現代史 酒造地の誕生——鈴木芳行
温泉旅行の近現代——高柳友彦
失業と救済の近代史——加瀬和俊
近代日本の就職難物語「高等遊民」になるけれど——町田祐一
難民たちの日中戦争 戦火に奪われた日常——芳井研一
昭和天皇とスポーツ〈玉体〉の近代史——坂上康博

昭和陸軍と政治「統帥権」というジレンマ——高杉洋平
松岡洋右と日米開戦 大衆政治家の功と罪——服部　聡
唱歌「蛍の光」と帝国日本——大日方純夫
着物になった〈戦争〉時代が求めた戦争柄——乾　淑子
稲の大東亜共栄圏 帝国日本の〈緑の革命〉——藤原辰史
地図から消えた島々 幻の日本領と南洋探検家たち——長谷川亮一
軍用機の誕生 日本軍の航空戦略と技術開発——水沢　光
国産航空機の歴史 零戦・隼からYS-一一まで——笠井雅直
首都防空網と〈空都〉多摩——鈴木芳行
帝都防衛 戦争・災害・テロ——土田宏成
帝国日本の技術者たち——沢井　実
強制された健康 日本ファシズム下の生命と身体——藤野　豊
「自由の国」の報道統制 大戦下の日系ジャーナリズム——水野剛也
学徒出陣 戦争と青春——蜷川壽惠
検証 学徒出陣——西山　伸
特攻隊の〈故郷〉霞ヶ浦・筑波山・北浦・鹿島灘——伊藤純郎
陸軍中野学校と沖縄戦 知られざる少年兵「護郷隊」——川満　彰
沖縄戦の子どもたち——川満　彰
沖縄からの本土爆撃 米軍出撃基地の誕生——林　博史
原爆ドーム 物産陳列館から広島平和記念碑へ——頴原澄子

歴史文化ライブラリー

- 米軍基地の歴史 世界ネットワークの形成と展開——林 博史
- 沖縄米軍基地全史——野添文彬
- 世界史のなかの沖縄返還——成田千尋
- 考証 東京裁判 戦争と戦後を読み解く——宇田川幸大
- ふたつの憲法と日本人 戦前・戦後の憲法観——川口暁弘
- 名言・失言の近現代史 下 一九四六——村瀬信一
- 戦後文学のみた〈高度成長〉——伊藤正直
- 首都改造 東京の再開発と都市政治——源川真希
- 鯨を生きる 鯨人の個人史・鯨食の同時代史——赤嶺 淳

文化史・誌

- 山寺立石寺 霊場の歴史と信仰——山口博之
- 神になった武士 平将門から西郷隆盛まで——高野信治
- 跋扈する怨霊 祟りと鎮魂の日本史——山田雄司
- 将門伝説の歴史——樋口州男
- 殺生と往生のあいだ 中世仏教と民衆生活——苅米一志
- 浦島太郎の日本史——三舟隆之
- おみくじの歴史 神仏のお告げはなぜ詩歌なのか——平野多恵
- 〈ものまね〉の歴史 仏教・笑い・芸能——石井公成
- スポーツの日本史 遊戯・芸能・武術——谷釜尋徳
- 戒名のはなし——藤井正雄
- 墓と葬送のゆくえ——森 謙二
- 運 慶 その人と芸術——副島弘道
- ほとけを造った人びと 止利仏師から運慶・快慶まで——根立研介
- 祇園祭 祝祭の京都——川嶋將生
- 洛中洛外図屏風 つくられた〈京都〉を読み解く——小島道裕
- 化粧の日本史 美意識の移りかわり——山村博美
- 乱舞の中世 白拍子・乱拍子・猿楽——沖本幸子
- 神社の本殿 建築にみる神の空間——三浦正幸
- 古建築を復元する 過去と現在の架け橋——海野 聡
- 生きつづける民家 保存と再生の建築史——中村琢巳
- 大工道具の文明史 日本・中国・ヨーロッパの建築技術——渡邉 晶
- 苗字と名前の歴史——坂田 聡
- 日本人の姓・苗字・名前 人名に刻まれた歴史——大藤 修
- アイヌ語地名の歴史——児島恭子
- 日本料理の歴史——熊倉功夫
- 日本の味 醤油の歴史——林 玲子・天野雅敏 編
- 中世の喫茶文化 儀礼の茶から「茶の湯」へ——橋本素子
- 香道の文化史——本間洋子
- 天皇の音楽史 古代・中世の帝王学——豊永聡美
- 話し言葉の日本史——野村剛史

歴史文化ライブラリー

ガラスの来た道 古代ユーラシアをつなぐ輝き――小寺智津子
たたら製鉄の歴史――角田徳幸
金属が語る日本史 銭貨・日本刀・鉄炮――齋藤　努
名物刀剣 武器・美・権威――酒井元樹
賃金の日本史 仕事と暮らしの一五〇〇年――高島正憲
書物と権力 中世文化の政治学――前田雅之
気候適応の日本史 人新世をのりこえる視点――中塚　武
災害復興の日本史――安田政彦

民俗学・人類学

古代ゲノムから見たサピエンス史――太田博樹
日本人の誕生 人類はるかなる旅――埴原和郎
倭人への道 人骨の謎を追って――中橋孝博
役行者と修験道の歴史――宮家　準
幽霊 近世都市が生み出した化物――髙岡弘幸
妖怪を名づける 鬼魅の名は――香川雅信
遠野物語と柳田國男 日本人のルーツをさぐる――新谷尚紀

世界史

ドナウの考古学 ネアンデルタール・ケルト・ローマ――小野　昭
神々と人間のエジプト神話 魔法・冒険・復讐の物語――大城道則
文房具の考古学 東アジアの文字文化史――山本孝文
中国古代の貨幣 お金をめぐる人びとと暮らし――柿沼陽平
中国の信仰世界と道教 神・仏・仙人――二階堂善弘
渤海国とは何か――古畑　徹
アジアのなかの琉球王国――高良倉吉
琉球国の滅亡とハワイ移民――鳥越皓之
イングランド王国前史 アングロサクソン七王国物語――桜井俊彰
ヒトラーのニュルンベルク 第三帝国の光と闇――芝　健介
帝国主義とパンデミック 医療と経済の東南アジア史――千葉芳広
人権の思想史――浜林正夫

各冊一七〇〇円〜二一〇〇円（いずれも税別）
▽残部僅少の書目も掲載してあります。品切の節はご容赦下さい。
▽書目の一部は電子書籍、オンデマンド版もございます。詳しくは出版図書目録、または小社ホームページをご覧下さい。